Inhalt.

———

——— ———

I.

Die Anfänge der deutschen nationalen Kultur.

Schriften: Allgemein: J. Scherr, Germania. O. Henne am Rhyn, Deutsche Kulturgeschichte. Diese beiden Werke überhaupt für alle Abschnitte. Besondere Einzelheiten enthalten: F. Lorentz, Karl d. Gr. Privat- und Hofleben (Raumer's Histor. Taschenb. 1832). E. Dümmler, Geschichte des ostfränkischen Reiches. H. Rückert, Kulturgeschichte des deutschen Volkes in der Zeit des Uebergangs aus dem Heidentum in das Christentum. H. Kurz, Geschichte d. deutsch. Litteratur I. Ten Brink, W. Scherer, E. Steinmeyer, Quellen und Forschung z. Sprach- und Kulturgeschichte d. germ. Völker.

Ist das Reich Karls des Großen (768—814) wirklich ein nationales Deutschland gewesen? — Der Kulturhistoriker muß diese Frage verneinen. Der große Herrscher, welcher im Beginne des neunten Jahrhunderts die weströmische Kaiserwürde erneuerte, gebot in der That über die ansehnlichere Hälfte des einstigen Weltreiches und damit über die verschiedenartigsten Länder. Vom Ebro bis zur Raab, von der Eider bis zum Garigliano befahl der Sohn Pippins des Kleinen. Das damalige Deutschland war einzig die Hauptprovinz des Frankenreiches, mit der die Länder westlich vom Rhein nicht selten in erfolgreichem Mitbewerb traten.

Karl fühlte sich als Franke, nicht als Deutscher. Seine ganze staatswirtschaftliche Thätigkeit bezeugt es, daß er die verfallene Herrlichkeit der Merowinger wieder aufzurichten trachtete. Die Sitten oder vielmehr die Unsitten seines

Hofes entſprachen den Gepflogenheiten der fränkiſchen Könige.
Auch die Ausbildung der unanfechtbaren Gewalt des e i n e n
Herrn war wenig dem deutſchen Sinne entſprechend, der
viele kleine, von freien, faſt gleichberechtigten Männern um=
gebene Herzöge liebte.

Die F r a n k e n hatten einſt die Kultur der unterwor=
fenen Völker angenommen, ohne jedoch die Grundſätze ihres
Staatsrechts zu opfern. Karl bemühte ſich, mit dem Chriſten=
tum zugleich, in welchem er das wirkſamſte Zuchtmittel
unbotmäßiger Volksſtämme erſah, die Geiſtesbildung des
Altertums in Deutſchland einzuführen. Sein hoher Sinn
aber erkannte, welche Kräfte in der deutſchen Sprache ver=
borgen lägen, und daß es nur des äußeren Anſtoßes bedürfe,
um ſie der Allgemeinheit dienſtbar zu machen. So ſammelte
er die Sprachdenkmäler*) und verfaßte ſelbſt eine Sprachlehre,
ſo bemühte er ſich, durch Schulen der allgemein herrſchenden
Unbildung zu ſteuern. Seine Gehilfen bei dieſem Werke
mußten natürlich Männer ſein, welche in Italien ihre Bil=
dung erworben hatten. Dadurch kam es aber auch, daß am
Hofe zu Aachen meiſt lateiniſch geſprochen wurde, daß dort
die Antike, wenngleich ein wenig verkümmert, wieder auflebte.
Ein nationaler Gedanke fand im Reiche nur ſo weit eine
Stätte, wie es der Allmacht des Kaiſers beliebte. Als dieſer
ſtarb, zerfiel das ungeheure Staatsgebäude, deſſen Einheit
der große Mann mit Hülfe ſeines Schwertes und des dem
geſammten Abendlande gemeinſamen chriſtlichen Glaubens
erhalten hatte.

Das C h r i ſ t e n t u m im karolingiſchen Deutſchland
war vorerſt nur ein höchſt oberflächliches Weſen. Der

*) Vergl. S a m m l u n g G ö ſ c h e n Nr. 28, Althochdeutſche Litteratur Einleitung.

Glaubensbote Winfried (680—754) und seine Nachfolger bemühten sich vergebens, die heidnischen Sitten und Gebräuche vollständig auszurotten. Dagegen begründeten sie die Priester= herrschaft und die Abhängigkeit von Rom.

Das Volk, dem das Evangelium die Gleichheit und Freiheit im Heilande verkündete, sah zu seinem Staunen, daß die Kirche ebenfalls die Hörigkeit aufrecht erhielt. Wie sich sieben Jahrhunderte später die aufständischen Bauern geradezu auf die Worte des Erlösers beriefen, so hatten gegenteils die Sachsen im Kampfe gegen Karl das dunkle Gefühl, der neue Glaube bedeute die Knechtschaft. Der Staat erkannte klar die Vorteile, welche ihm eine enge Verbindung mit der Kirche brachte. Zwar hielt Karl strenge auf geistliche Zucht und wirkliche Fachbildung innerhalb der Priesterschaft, aber er konnte es nicht hindern, daß diese den Aberglauben, der heidnischen Ursprungs war, nach ihrer Weise ausnutzte. Der fromme Kaiser begünstigte die Erwerbung heiliger Leichname, die herrschsüchtige Kirche sprach vom Teufel, von den Hexen und Zauberern, vor deren Unthaten einzig die Unterwürfigkeit der Gemeinde gegen den Priester zu schützen vermöge.

Dabei kam die Kirche dem Volke aber nicht näher. Sie hielt nach Ansicht der Kirchenväter, daß Latein die heilige Sprache des Abendlandes sei, an dieser fest. Die Volkssitten und die deutsche Zunge wurden von den Geistlichen ver= achtet. Der Sohn Karls, Ludwig der Fromme (814—840), ließ die von dem Vater gesammelten deutschen Sprüche und Lieder vernichten, weil Rom, d. h. die Kirche, es wollte. Ein willenloses Werkzeug in der Hand dieser Macht, umgab sich Ludwig mit Mönchen anstatt mit Gelehrten. Seine Charakterschwäche begünstigte auch den weiteren Verfall des

großen Reiches, in welches sich auf dem Tage von Ver-
dun seine Söhne teilten.

Ludwig, dem die Geschichte den Namen des Deutschen
giebt (843—876), herrschte wohl über vorwiegend germanische
Stämme, er selbst aber folgte im ganzen der fremden Art,
die seinen Vater verdorben. Unter ihm und mehr noch unter
seinen Nachfolgern, von denen Arnulf (887—899) allein eine
Ausnahme machte, begann die Zersetzung des Reiches in
einzelne Herzogtümer. Die mächtige Faust Karls des Großen
hatte einst die widerspenstigen Fürsten zum Gehorsam gezwungen. Jetzt erhoben sie wieder kühn das Haupt und niemals wieder gelangte das alte Reich zu der Einheitlichkeit,
die es am Ausgange des achten Jahrhunderts besessen.

Dadurch erklärt es sich auch, daß der Beginn der
Deutschen nationalen Kultur durchaus keine einheitlichen
Grundzüge aufweist. Im Westen machen sich stetsfort romanische, im Osten slavische Einflüsse geltend. Das Hochdeutsch
der Karolingerzeit wandelte sich in zwei Zungen um, die
freilich zusammen als „volkstümlich" (diutisk) bezeichnet
wurden.

Bei den fortdauernden inneren und äußeren Kämpfen
flüchteten die Künste und Wissenschaften in die beschaulich-
friedliche Stille der Klöster. Ganz unleugbar sind diese
Stiftungen es vor allem gewesen, welche das deutsche Volk
am völligen Zurücksinken in die Barbarei der Wanderzeiten
hinderten. Wenngleich die Sprache der Klöster das Lateinische blieb und nur St. Gallen durch Uebersetzungen das
Deutsche wirksam pflegte, so enthielten sich doch die Mönche
der von den Romanen überkommenen Unsitten, welchen die
Weltgeistlichen anhingen.

Das Kloster entsendete Prediger, welche die Heils-

lehren dem gemeinen Manne nach seinem Verständnisse aus-
legten. Innerhalb der Mauern hielten die Mönche ihre
Schulen, ihre Büchersammlungen, ihre künstlerischen Erzeugnisse. Wer dort nicht beschäftigt war, wirkte segensreich als
Arzt, als Landwirt, als Baumeister oder als Handwerker.
Die Eigenart der Mönchsorden, die verschiedensten Nationen
zu einem Zwecke zu vereinigen, beförderte natürlich den Austausch der Gedanken und künstlerischen Fertigkeiten.

Der Begründer eines Klosters hatte nichts anderes zur
Verfügung, als den unentwegten Mut und die rastlose
Thätigkeit. Mit wenigen Gehilfen ging er an die Arbeit,
eine wirkliche Wildnis zum menschlichen Wohnsitze umzuge-
stalten. Bauherren und Handwerker zugleich, oftmals bedroht
durch feindselige Nachbarn, hatten sie Kirche und Wohnung zu
errichten, die Waldungen zu reuten, die Felder zu bestellen.
Einem späteren Zeitabschnitte blieb es vorbehalten, die innere
Thätigkeit des Klosters zu pflegen.

Die Brüder gewannen die Gunst vornehmer Herren
durch Schulung der Söhne. Die Beschäftigung mit den
Wissenschaften erforderte die Anlage einer Bücherei. Durch
gegenseitigen Austausch von Werken, die im Kloster abge-
schrieben wurden, bekam dieses den Grundstock seiner Sammlung, welche weiterhin durch selbständige Arbeiten ver-
größert ward. Gegen Abgabe der Doppel mochte man noch
andere Schätze erwerben.

Das Abschreiben forderte eine strenge Beschäftigung mit
den bildenden Künsten. Während das Pergament prachtvolle
Malereien enthielt, trug der Schutzdeckel des ganzen Werkes
mühsam ausgestaltete Schnitzereien. Man kann diese Thätigkeit der Klöster sehr wohl als einen erwachenden Gewerbfleiß bezeichnen; denn die erzeugten Abschriften wurden viel-

fach von Laien gekauft. Jedenfalls hat die Malerei und
Schnitzerei nicht wenig dazu beigetragen, die Macht wie den
Einfluß des Mönchtums zu heben.

Mit dem wachsenden Wohlstande der brüderlichen Ge-
meinschaft durfte in ihr der Wunsch rege werden, den besonderen Heiligen zur Ehre ein schönes Gotteshaus zu bauen.
Das gab wiederum den Anlaß, die erworbenen Kenntnisse
an anderen Orten zu verwenden, wo die Geschicklichkeit für
die Ausführung größerer baulicher Anlagen mangelte.

Mehr und mehr griffen die Mönche in das öffentliche
Leben ein. Der Bauer bestellte das Land und züchtete sein
Vieh nach den Regeln, die ihm der Klostermaier gab. Die
wissenschaftlich gebildeten Brüder wurden zu Ratgebern der
höheren Laienwelt. Die im Kloster entwickelte Kunst fand
ein dankbares Feld in der Schöpfung der mannigfachsten
Werke. Da nun überall in den deutschen Gauen solche
Bildungsstätten erwuchsen, so gewann auch die allgemeine
Kultur bald eine höhere Stufe als sie je zuvor erklommen.

Von geringerem Einflusse in dieser Richtung sind die
Frauenklöster gewesen. Sie dienten als Versorgungs-
anstalten der ehelosen Töchter der großen Familien und selbst
der königlichen Häuser und gleichen hierin den verschie-
benen Fräulein=Stiftungen der neuen Zeit. Die Ordens-
regel der Nonnen war streng, ihr leuchtendes Vorbild die
Jungfrau Maria, der die frommen Schwestern damals auch
weit größere Ehre erwiesen als später, da der Mysticismus
den Begriff des „himmlischen Bräutigams" zeitigte. Aber
gerade diese unklaren religiös=philosophischen Gedanken, welche
das Mittelalter seit dem zehnten Jahrhundert mehr und
mehr beherrschen, finden ihren Ursprung in den Frauen-
klöstern.

Hroswitha, die Nonne von Gandersheim, bearbeitete die Sagen aus dem Leben Marias und verschiedener Heiligen und zwar geradezu im Sinne der mystischen Poesie. Wenngleich sie keinen Einfluß auf ihre männlichen Zeitgenossen gewann, so entsprach doch ihr Denken und Fühlen jenem der gebildeten Frauen, deren eheliches Leben oft genug seelische Qualen zeugte und sie derart zwang, die Schickungen des Himmels als Antrieb zu irdischer Buße aufzufassen.

Zu dem Frieden, welcher im allgemeinen über den Klöstern lag, stand die Ruhelosigkeit, welche sonst im Reiche herrschte, in großem Gegensatze.

Das zehnte Jahrhundert hatte durch Otto I. (936 bis 973) das „heilige römische Reich Deutscher Nation" geschaffen, zugleich aber auch das Wahlkönigtum entstehen sehen. Der Kaiser zog seine Macht aus den von Pfalzgrafen verwalteten Reichsgütern. Als seine Statthalter in den nicht unmittelbar von ihm beherrschten Landschaften galten die Herzöge. Waren diese vom Oberhaupte als dem Lehensherrn abhängig, so sicherten sie ihren Einfluß durch zahlreiche Vasallen. Auch die höchsten Geistlichen, die Erzbischöfe und Bischöfe empfingen vom Könige große Reichslehen; dieser galt zudem als der Schutzherr der Kirche.

Dagegen verminderte sich mehr und mehr die Zahl der minder begüterten Freien. Diese, ohnmächtig gegen die großen Herren, mußten sich dem Willen derselben fügen.

So lange der König-Kaiser es verstand, die dem Throne zunächst stehenden Lehensleute mit fester Hand zu zügeln, blieb er in der That das anerkannte Oberhaupt. Aeußere Kämpfe, vornehmlich Streitigkeiten mit dem Papste, schmälerten die Reichsgewalt und gestatteten den Herren sich mehr und mehr ihrem Ziele zu nähern, die empfangenen Lehen als erbliche Besitztümer zu gewinnen.

Das Lehenswesen selbst wurde die Grundlage aller kulturellen Verhältnisse. Der Adel begünstigte keineswegs den Ackerbau und verachtete jegliche friedliche Arbeit, die allein den Leibeigenen zufiel. Sein Beruf war der Krieg, die Fehde, welche er als treuer Lehensmann für seinen Herrn oder selbständig zu eigenem Zwecke führte. Die alt=germanische Wehrpflicht, welche den Freien zwang, dem Heerbanne zu folgen, wandelte sich jetzt um in das Lehens=aufgebot. Der freie Bauer hatte einst zu Fuß gestritten, der Vasall kämpfte als Reiter, d. i. Ritter. Das Fußvolk bildete von jetzt ab in den Heeren, die seit den lange andauernden und weit ausgreifenden Feldzügen der fränkisch=salischen Kaiser fast nur noch aus Reisigen bestanden, die Minderzahl. Der ritterliche Lehensmann führte Helm, Schild, Schwert und Speer, den kunstvollen Gebrauch dieser Waffen mußte er in strenger Schule erlernen. Die wenigen ärmeren freien Bauern leisteten Dienste als Fuhrleute oder verpflegten durchziehende Streiter. Auch legten ihnen der Kaiser wie die Herren wirkliche Kriegssteuern, den Reiterschilling, auf, aus denen für ganze Dorfschaften berittene Knechte gerüstet wurden.

Die Fehde selbst ward in Form von massenhaften Zweikämpfen und durch schreckliche Verwüstung des gegne=rischen Besitzes geführt. Als feste Stützpunkte aller solcher Unternehmungen dienten die Thürme der Lehensleute, aus denen später durch Erweiterung die Burgen entstanden. Nur der König gebot über größere befestigte Anlagen, die Pfalzen (z. B. Augsburg, Merseburg, Grona, Werla, Goslar), einzelne Städte, wie das karolingische Aachen, die Erzsitze Mainz, Köln, Trier, Magdeburg und Regensburg, endlich auch über die wohl gesicherten Orte am Rhein (Straßburg, Worms, Speier), im Elb- und Main-Gebiete (Hamburg, Hildesheim, Frankfurt, Würzburg, Bamberg).

Einsichtigen Königen mochte es nicht entgehen, daß die ewigen Fehden dem Reiche gefährlich wurden. Heinrich II. von Bayern (1002—1024), den die dankbare Kirche den Heiligen benannte, da er ihren Besitz vergrößerte, gab im Beginne des elften Jahrhunderts das erste Gesetz über die Erhaltung des Landfriedens. Ihm folgte der Salier Hein- rich III. (1039—1056) in diesen Bestrebungen, als er die von der französischen Geistlichkeit befürwortete „Treuga dei“, Gottesfriede, im Reiche einführte. Vom Donnerstag Abend bis zum Dienstag Morgen und an den Kirchenfesten sollte männiglich die Waffen ruhen lassen. Eine gewisse Gegenwirkung erzielten auch die durch Romanen um die Mitte des elften Jahrhunderts nach Deutschland verpflanzten ritterlichen Spiele, die Turniere. Sie verfeinerten wenig- stens die Kampfsitten der Adligen. Die unglücklichen Leib- eigenen freilich, welche Reisigen auf ihren Kriegszügen in die Hände fielen, erlitten, nach wie vor, die grausamste Behand- lung. Blendung des Augenlichtes und Verstümmelung ihrer Gliedmaßen wurden nicht selten geübt.

Gesetz und Recht fanden bei solchen Zuständen nur ge- ringe Beachtung. Die allgemeine Unsicherheit hoben weder die kräftigen Maßregeln verschiedener Kaiser noch auch die Gebote, die Bannstrahlen der Kirche. Die Staatsgewalt selbst hielt Verrat und Meuchelmord für durchaus erlaubt, wenn es sich um die Beseitigung unbequemer Gegner handelte. Man denke nur an Karl den Großen, den Markgrafen Gero und König Konrad II. — Andererseits gewährte Heinrich I. (919 bis 936) bußfertigen Räubern, welche die wendische

Landesmark schützen wollten, eine Freistätte in der festen Merseburg.

Das Rechtsleben des Volkes stützte sich auf die natür= lichen und uralten Ansichten über Schuld und Strafe. Die Führer im Kriege waren die Richter. Erst als die Lehensverfassung immer mehr sich ausbildete, der freie Bauer fast völlig ver= schwand, sprachen die Herren nach ihrem Willen Recht. Dort, wo sie nicht selbst den Gerichtsstuhl unter der Linde zu besteigen vermochten, saßen an ihrer Stelle Vögte. Wo noch die alte Gauverfassung bestand, war der Graf Vorsitzender der Ver= sammlung von Schöffen und Umstand, welch letzterer der beratende, aus freien Männern bestehende Ring gewesen ist. Erkannte die Volksstimme, daß das geschöpfte Urteil dem Gewohnheitsrechte nicht entspräche, so fiel die Entscheidung zuletzt dem Könige zu.

Das Oberhaupt des Reiches allein durfte in zweifel= haften Fällen das Gottesurteil (Ordal) anordnen, und nicht selten wurde dann die gewonnene Entscheidung maß= gebend für spätere Streitfälle. Auch trat der Zweikampf an die Stelle des Eides. Dem Gottesurteil mußte sich jeder unterwerfen, weß Standes, Alters und Geschlechtes er auch war. So bewies die Gemahlin Heinrichs II., Kunigunde von Burgund, daß sie die eheliche Treue nicht gebrochen, indem sie unverletzt über glühende Pflugscharen schritt. Frauen kämpften auch wohl mit Männern um ihr Recht, wobei sie den Vorteil genossen, daß der Gegner bis zum halben Leibe in einer Grube stand oder aber an der Schwerthand gefesselt ward.

Die Strafen erscheinen uns im allgemeinen milde. Selbst der Todschlag konnte unter manchen Umständen mit Geldbußen gesühnt werden. Die Aechtung, welche Hoch= verräter stets traf, zog die bürgerliche Recht= und Fried=

losigkeit nach sich. Die Todesstrafe vollzogen die Richter auf königlichen Spruch hin. Das Hängen ist die gewöhnliche Form der Ausführung solcher Urteile gewesen; das Enthaupten galt jedoch immer für eine weniger die Ehre treffende Todesart. Die Verschärfung der letzteren durch vorausgehende Verstümmelungen tritt erst auf, als die Deutschen welsche grausame Sitten auf ihren Italienerzügen kennen lernten.

Vom Leben des Volkes wissen die Geschichtsschreiber jener Zeit nur zu berichten, daß die häufigen Fehden die Landschaften entvölkerten und die Scharen der Bettler, unter denen sich bereits verarmte Edle befanden, gewaltig vergrößerten. Die Klöster und fromme Kirchenbesucher reichten wohl Almosen; da die Ursache aber nicht gehoben ward, so hatte bereits jene Zeit mit einem elenden Geschlechte zu kämpfen, das nur dazu taugte, sich übermäßig fortzupflanzen.

Die einzigen öffentlichen Arbeiten, die Burg- und Kirchenbauten trugen zur Verarmung geradezu bei, da sie durch Frohndienste zur Ausführung gelangten.

Die Baukunst selbst unterlag einer Umwandlung. Der altchristliche Stil, die Basilika, verschwand vor dem romanischen Kirchenbau, und die Kaiser waren eifrig bemüht, an Stelle der hölzernen Gotteshäuser, in welchen die ersten Glaubensboten geprebigt, steinerne Münster zu setzen. Das älteste romanische Denkmal dieser Art ist die Klosterkirche von Gernrode am Harz, welche der Zeit der Ottonen entsproß. Die gewaltigen Dome in Niedersachsen, Franken, Schwaben und in den Rheinlanden entstammen zumeist den beiden folgenden Jahrhunderten, soweit ihre ältesten Teile in Betracht fallen. Die lange Bauzeit, welche auf sie verwendet werden mußte, erklärt es aber auch, daß die Einzelheiten oft große Abweichungen vom ursprünglichen Stile zeigen.

Von romanischen Burgbauten sind fast nur mehr oder
minder ansehnliche Trümmer erhalten geblieben. Dagegen erfreuen wir uns noch der herrlichen, nach den ursprünglich
leitenden Gedanken wieder erstellten Wartburg ob Eisenach,
deren Landgrafenhaus aus dem zwölften Jahrhundert stammt,
sowie der Koburg und des ehrwürdigen Kaiserhauses zu Goslar.

Der „romanische" Baustil ist seiner Durchbildung
nach als die nationale Deutsche Architektur des Mittelalters
aufzufassen. Er begann, da das Reich sich selbständig ausgestaltete. In den welschen Ländern, selbst in Nordfrankreich,
zeigt er stets eine Mischung mit den Ueberlieferungen des
Altertums, wenn nicht gar — wie im östlichen Italien —
der byzantinische Geschmack mitspricht. Dieser findet sich zwar
auch in Deutschland, nachdem die Politik der beiden letzten
Ottonen in enge Wechselwirkung zu Konstantinopel trat, aber
er fand lediglich Eingang in der Kleinmalerei des Zeitalters.

Die Bildhauerei gewann vielfache Beschäftigung bei
der mannigfachen Ausschmückung der Kirchen, der Erstellung
von Geräten für den Gottesdienst, der Schreine für die massen-
haft von Kaisern und Vornehmen gesammelten Gebeine der
Heiligen, der Erzeugung von Grabplatten. Die ältesten Denk-
male von romanischen Broncegüssen besitzt wohl Hildesheim,
wo Bischof Bernward selbst diese Kunst ausübte.

Der Meißel, wie der Pinsel, wagten sich auch schon an
die große Aufgabe, gewaltige Flächen mit Bildwerk zu be-
decken. Die Kreuzesabnahme an der Sandsteinwand der Extern-
steine bei Horn im Teutoburger Walde entstammt sicherlich
der Zeit der späteren salischen Kaiser. Ausgedehnte Mauer-
gemälde sind eine ganze Anzahl erhalten geblieben.

In der Kleinmalerei, die bereits das ursprüngliche
Email benutzte, vorzugsweise jedoch in Geschichtswerken sich

tummelte, wird das Bestreben richtig bemerkbar, die Gesichts=
züge lebender Personen richtig wieder zu geben.*) Wunder=
volle Sachen schufen die klösterlichen Goldschmiede; sie lieferten
prächtige Vorbilder zu späteren Arbeiten, doch ist erst unsere
Zeit ihnen gerecht geworden.

Allgemein gesprochen, läßt sich nicht verkennen, daß am Ende
dieses Zeitabschnittes, beim Regierungsantritte Heinrichs IV.
(1056—1106) der Süden und der Westen des Reiches, das
sächsische Land an Kultur weit überragten. In Schwaben,
Bayern, Franken, wie am Rheine blühten der Ackerbau und
in den schon ziemlich ansehnlichen Städten auch der Gewerbfleiß.

Durch die Wahl des Saliers Konrad von Franken ward
der Schwerpunkt deutscher Politik unmerklich nach Süden ver=
legt. Zudem beseelte das sonst so zerrissene Reich ein ge=
meinsamer Gedanke, die Wiedergewinnung des Longobarden=
landes. Konrad II. ließ sich in Mailand mit der eisernen
Krone schmücken (1026); er gab dadurch den Anstoß zu den
langwierigen Kämpfen auf italienischem Boden. Um den Besitz
der Halbinsel zu sichern, begünstigte er die Geistlichkeit. Zugleich
aber erregte der Kaiser wiederum den Unwillen der Kirche durch
sein Streben, den kleinen Lehensadel mit Rechten auszustatten.

Das Träumen von der Weltherrschaft zog das Kaiser=
tum geradezu ab von seiner nächstliegenden Aufgabe, den
inneren Ausbau des Reiches zu fördern. Die Entwickelung
der Kultur mußte unter solchen Umständen zurückbleiben und
sich thatsächlich für Jahrzehnte hindurch in Barbarei verkehren.

---

* Das schönste und für die Kulturgeschichte wichtigste Werk dieser Art,
der Lustgarten (hortus deliciarum) der Aebtissin Herrad von Landsberg,
welches zwischen 1165 und 1175 entstand, ging leider bei dem Brande der
Straßburger Bibliothek (1870) verloren. Glücklicherweise besitzt die Wissen=
schaft davon genaue Abschriften.

II.

Kaiser und Papst.

Schriften: Fr. v. Raumer; Geschichte der Hohenstaufen und ihrer Zeit. A. v. Druffel; Kaiser Heinrich IV. und seine Söhne. H. Floto; K. Heinrich IV. und sein Zeitalter. J. G. Büsching; Ritterzeit und Ritterwesen. H. Meynert; Geschichte des Kriegswesens. II.

———

Ein geistreich entwickelter Satz stellt die Behauptung auf, daß nicht selten in der fortlaufenden Reihe der Familien ein Sproß vorkomme, welcher gleichsam das Ausruhen der natürlichen Schöpfungskraft in sich darstellt. Die Geschichte liefert in ihren großen und kleinen Zügen dafür häufig genug den Beweis.

So verkörperten die ersten salischen Kaiser die Blüte und die Macht des alten Kaisertums. Als Heinrich III., der Schwarze, starb, hatte er die großen Lehensherren zu blindem Gehorsam gezwungen und aus den Herzögen kaiserliche Beamte gemacht. Aber er hinterließ einen nur sechs Jahre alten Sohn, dessen Mutter Agnes von Poitou wohl dem Namen nach Reichsverweserin war, als eine fremde Frau hingegen nur wenig Einfluß zu gewinnen vermochte.

Die Zeit erforderte jedoch einen ganzen Mann. Die Zerrüttung in allen Verhältnissen, welche die Kirche betrafen, äußerte sich umso auffälliger, da sie früher eine große Höhe erstiegen, eine gewaltige innere Kraft erlangt hatte. Es fanden sich zwar Geistliche, welche gegen das sittenlose Leben ihrer Amtsbrüder eiferten und Tüchtiges auf dem Gebiete der

verschiedenen Wissenschaften leisteten. Die große Masse der
Bischöfe, Aebte und Priester aber sahen in ihren Pfründen
nur das Mittel, höchst weltlichen Vergnügungen nachzutrachten.

Das hauptsächlichste Gebrechen, an dem die Kirche krankte,
war die allgemein übliche Art und Weise, eine Stelle auf
Schleichwegen, durch Bestechungen (S i m o n i e) zu erlangen.
Das Uebel ging so weit, daß selbst Heinrich III. Geld für
das Versprechen kaiserlicher Beleihung nahm und von dem
Bewerber höchstens eine gewisse Tüchtigkeit in wissenschaftlicher
Beziehung forderte.

Hatte ein hoher Geistlicher durch reichliche Opfer an
klingender Münze das betreffende Amt erlangt, so hielt er
sich wiederum schadlos an jenen, die in ihm ihren nächsten
Vorgesetzten erblickten. Wie es mit den Aemtern gehalten
ward, so blieb es auch der Grundsatz für die damals noch
weitgehende kirchliche Gerichtsbarkeit. Für Geld war alles
feil, das edle Metall entschied jede Streitfrage.

Der von Heinrich III. eingesetzte Papst Leo IX., vorher
Bischof Bruno von Toul, von Geburt ein Deutscher, bemühte
sich, durch strenge Beaufsichtigung seiner nächsten Umgebung
und durch ernste Ermahnungen wie scharfe Befehle das Un=
wesen zu beseitigen. Doch erst unter seinen, auf der nämlichen
Bahn fortschreitenden Nachfolgern, verfiel die Simonie. Jetzt
durfte der Bischof von Rom daran denken, jenen Schritt zu
thun, der ihn nicht nur unabhängig vom Kaiser machen mußte,
sondern ihn geradezu zum Herrscher des Abendlandes erhob.
Papst Nicolaus II. berief eine Versammlung hoher Geistlicher
und diese erklärte, der Inhaber des Stuhles Petri sei nur
dann rechtmäßig gewählt, wenn ihn die ersten Priester Roms,
die Kardinäle, unter Beistimmung des Volkes erkoren hätten.

Thatsächlich wurden die nächsten Päpste, Alexander II

und Gregor VII. auf diese Art ernannt. Gregor, der vorher den Namen Hildebrand führte, verkündete, daß er die
Simonie vollends vertilgen und die alten Kirchengesetze über
die Ehelosigkeit der Priester strenge durchführen wolle.

Es ist ganz sicher, daß der Papst mit dieser Erklärung
den Volkswünschen entgegen kam. Der gemeine Mann haßte
die Simonie, weil er die Kosten des Aemtererwerbes zu decken
hatte, er forderte die Ehelosigkeit des Priesters als einen
starren Gegensatz zu der eigenen rohen Sinnlichkeit.

Dagegen verharrten die Fürsten und ihre Höfe in dem
argen Sittenverfall. — Heinrich IV. (1056—1106), der
im sechzehnten Lebensjahre mündig erklärt worden war, führte
Gepflogenheiten unter seiner Umgebung ein, die gewaltig zu
seinen Ungunsten abstachen von den Formen, welche sonst die
Kaiser beobachteten. Seine Vormundschaft gestattete es den
Herzögen, sich die alte Macht wieder zu erringen. Der junge
Kaiser bemühte sich vergebens, das ehemalige Ansehen der
Krone zu erhalten. Sein Stolz, seine staatsmännische Un-
fähigkeit, wie die ihn übel berathende Umgebung brachten
es dahin, daß er sich dem Volke völlig entfremdete.

Die Sachsen, welche ihre alten Freiheiten durch die
königlichen Burgbauten bedroht sahen, lehnten sich gegen
Heinrich auf. Zwar gelang es ihm, nach anfänglicher De-
müthigung, durch die Hilfe rheinischer Bürger, die Sachsen
zu schlagen. War der nämliche Erfolg aber einst für Karl
den Großen gleichbedeutend mit einer großartigen Macht-
erweiterung gewesen, so bedeutete er für Heinrich eine that-
sächliche Niederlage. Beschmutzte er doch sein Ansehen bei
der rücksichtslosen Ausbeutung des Sieges, indem er Treu
und Glauben völlig außer Acht ließ.

So kam es, daß der Kaiser ohne Freunde stand, als

Gregor, deſſen Forderungen bezüglich der Abſchaffung kirchlicher Mißbräuche er niemals erfüllte, gegen ihn den Bann-
ſtrahl ſchleuderte. Die zu Tribur verſammelten Fürſten
bedeuteten ihrem Oberhaupte, daß er ſich dem Papſte unterwerfen müſſe und Heinrich that es — im Schloßhofe zu
Canoſſa. Seitdem hat der Kaiſer niemals wieder feſten Fuß
gefaßt weder in der Heimat, noch in der Fremde. Seine
ſteten Kämpfe, die in Wahrheit dem religiöſen Uebereifer des
Papſtes und der deutſchen Uneinigkeit galten, entflammten
alle Leidenſchaften. Die Roheit früherer Zeiten ward noch
überboten durch die Kriege am Ausgange des elften Jahrhunderts. Sie ergriff alle Volkskreiſe, und die wenigen
Stimmen, welche vor den ſchrecklichen Ausbrüchen einer leiden-
ſchaftlichen Erbitterung warnten, verhallten völlig.

Zugleich ward der Streit mitten in die Gewiſſen hinein
geſchleudert. Sah doch die Welt das Schauſpiel, daß Päpſte
und Gegenpäpſte, Kaiſer und Gegenkaiſer alle Mittel des
Verderbens gegeneinander brauchten, daß jede Treue nur
bedingt erſchien von Geſetzen politiſcher Klugheit.

Der Krieg vernichtete zudem den Wohlſtand der Land-
bevölkerung. Die letzten freien Bauern kamen in vollſtändige
Abhängigkeit von ihren Peinigern, den waffentragenden Rei-
ſigen. Im ganzen Reiche aber gab es keine Macht, der ſie
die erlittene Unbill hätten klagen können, und die ſich ihrer
Leiden angenommen. Vorteile zogen aus der Verwirrung
der Zeit einzig die kleineren Lehensleute. Sie gewannen das
Anſehen, der erſte und mächtigſte Stand des Reiches zu ſein.
Hatten ſie noch im Beginne des Jahrhunderts den Dienſt
zu Pferde als eine Laſt empfunden, ſo galt er ihnen jetzt
als wirkliches Vorrecht.

Auf den Rückfall in die Unkultur fand ein neuerlicher

Aufſchwung ſtatt, deſſen Beginn ſich in das erſte Drittel des zwölften Jahrhunderts zurück verlegen läßt.

Das ganze Mittelalter hindurch ſind Wallfahrten von Chriſten zum heiligen Grabe gethan worden. In die Mitte des elften Jahrhunderts fallen die Ausſchreitungen islamitiſcher Glaubenseiferer, durch welche abendländiſche Pilger ſchwer zu leiden hatten. Die Kirche, der die Richtung des Volksgeiſtes nicht entging, welcher in der Abtötung der Fleiſchesluſt und dem Kampfe für einen heiligen Zweck die höchſte irdiſche Thätigkeit erſah, begünſtigte die Kreuzzüge. Schon Gregor hatte einen ſolchen durch Heinrich IV. unternehmen laſſen wollen. Doch Urban II. (1088—1099) blieb es vorbehalten, den begeiſterten Ruf: „Gott will es!" auszuſtoßen.

War der erſte Kreuzzug (1096—1099) vornehmlich ein Werk der Romanen, ſo ſah bereits der zweite (1147 bis 1149) ein deutſches Heer, das Kaiſer Konrad III., der Staufer (1138—1152) befehligte. Blieb auch die Fahrt ohne ſichtbaren äußeren Erfolg, die Kultur gewann Unendliches dabei.

Dem Deutſchen Adel mußte die franzöſiſche Ritterſchaft, die durch ihr Schwert Jeruſalem erobert, als muſterhaftes Vorbild erſcheinen. Die Franzoſen wiederum vermittelten den Deutſchen dergeſtalt die Nachleſe der antiken Bildung und das dichteriſche Leben der Araber.

Die Deutſchen, welche auf dem Zuge in's heilige Land die Kultur der Städte Italiens kennen lernten, brachten aus dem Morgenlande ſelbſt das Streben mit, eine verfeinerte Lebensweiſe zu pflegen. Das Haus der Staufen, welches für mehr als ein Jahrhundert die Kaiſerkrone trug, begünſtigte dieſe Richtung, die man eben deswegen als „höfiſches

Leben" bezeichnete. Die Vorliebe der Großen für Alles, was mit dem höfischen Leben zusammen hing, bewirkte einerseits, daß sich dieses mit überraschender Schnelligkeit verbreitete, andererseits, daß die alte Roheit des Adels sogleich wieder durchbrach, als die Mächtigen die Dichtkunst und die Dichter nicht mehr zu unterstützen vermochten.

In der ritterlichen Dichtkunst spiegelt sich das Zeitalter deutlich ab. Die äußere Form ist die Hauptsache, nur solche Gedanken dürfen zum Ausdruck gelangen, welche der höfischen Sitte nicht widersprechen. Selbst die Sprache der Dichter war die des Hofes; die schwäbische Zunge der Hohenstaufen beseitigte allmählich die niederdeutschen Anklänge in der Mundart der höheren Stände. Das Althochdeutsche wandelte sich in das weiche, glatte Mittelhochdeutsche um, welches allein es gestattete, die fein gebildete Dichtkunst zu pflegen.

Eine hervorragende Eigentümlichkeit der ritterlichen Kultur ist der Minnedienst, jene romantische Verehrung der Frauen, die sich leicht aus dem Marienglauben erklären läßt. Dabei darf jedoch nicht übersehen werden, daß der Ritter in der Geliebten allein sein höchstes irdisches Glück sah, die Frau ihm dagegen nicht viel mehr als eine willen- und rechtlose Leibeigene war. Ja, die Bekanntschaft mit den morgenländischen Sitten scheint den Bann, welcher auf dem „Frauenzimmer" lag, noch bedeutend verstärkt zu haben. Die heilige Elisabeth, Landgräfin von Thüringen, bedurfte des bekannten Rosenwunders, um wegen ihrer Wohlthätigkeit dem Zorne des Gemahls zu entgehen. Dagegen ließ sich der halb närrische Ulrich von Lichtenstein (gestorben zwischen 1274 und 1277) zu Ehren einer Dame den mißgestalteten Mund vom Arzte schneiden und hackte sich aus gleichem Grunde selbst einen Finger ab! — In Heinrich Frauenlob von Meißen

(1260—1318), der bürgerlichen Geſchlechtes und verheiratet
war, verkörpert ſich dagegen die würdige Wertſchätzung
der Frauen. Zum erſtenmale, ſeit Jahrhunderten, wird
die menſchliche Perſönlichkeit wieder ein Gegenſtand der dich-
teriſchen Schilderung. Die Zeit beſaß auch ſchon über die
Frauenſchönheit ihre feſten Anſichten, die freilich dem geſamten
Minnedienſte entſprechend vorwiegend ſinnlicher Art waren.

Die Geſellſchaft hatte damals durchaus keine ſtrengen
Anſichten über Liebe und Ehe; immerhin geſtand ſie dem
beleidigten Gatten das Recht zu, den Verführer der Frau
wie dieſe ſelbſt, an Leib und Leben zu ſtrafen. Was uns
vielleicht unſittlich erſcheinen mag, galt der Ritterſchaft unter
den Staufen als vollkommen der ehrbaren Zucht entſprechend.

Während aber die adeligen Dichter uns häufig nur den
Schein anſtatt der Wirklichkeit malen, liefert das erſtarkende
Bürgertum echte Geſtalten von Fleiſch und Blut. Da
iſt vor allem Meiſter Gottfried von Straßburg,*) welcher
wohl im jüngeren Mannesalter zu Beginn des dreizehnten Jahrhunderts ſtarb. In ſeinem Hauptwerke „Triſtan und Iſolt“
zeigt er, daß die wahre Minne keineswegs eine zeitvertreibende
Spielerei iſt, ſondern in tiefer Leidenſchaft wurzelt. Dabei
ſchildert er die Verſchiedenheit der Charaktere, die ewig neue
Thatſache, daß die Liebe alle geſellſchaftlichen Schranken
niederreißt, ſowie die wahren und die falſchen Freunde mit
einer Klarheit, welche davon zeugt, daß er im Leben viel-
ſeitige Erfahrung beſaß.

Neben ihm ſtehen Wolfram von Eſchenbach,*) ein
Ritter aus einem armen bayriſchen Geſchlechte (geſtorben um
1230), Hartmann von Aue,*) der edle Thurgauer, (geſtorben

---

*) Vergl. Sammlung Göſchen Nr. 22, Auswahl aus dem höfi-
ſchen Epos.

zwischen 1210 und 1220) und der Tyroler **Walther von der Vogelweide,**[*] dessen Leben in die erste Hälfte des dreizehnten Jahrhunderts fällt.

Walther ist der vaterländische Dichter, welcher gegen die Anmaßungen der Kirche kämpft und doch für die Befreiung des heiligen Grabes sich begeistert. Hartmann, eine Aus= nahme unter seinen Standesgenossen; denn „er war so ge= lehrt, daß er in Büchern las, was er darin geschrieben fand", verherrlichte die weibliche Treue und Hingebung. Wolfram ist vom höchsten sittlichen Ernste beseelt und empfänglich für alles Hohe und Schöne. Sein „Parcival" verkündet, daß die Herzensunschuld die Weltklugheit bei weitem überragt, daß wahre Treue und fester Wille stets an's Ziel gelangen.

Die ritterliche Dichtkunst ist trotz ihrer fremden Vorbil= der deutscher Art geblieben. So stand sie auch in enger Wechsel= beziehung zum Volke und seinem Singen und Sagen. Alle Anstrengungen der Geistlichkeit hatten es nicht vermocht, die Freude, die das Volk daran empfand, zu zerstören. Nun erscholl manch' altes, schönes Lied wieder und die „fahrenden Leute" abligen und nicht abligen Geschlechtes bemühten sich eifrig, diese Werke der Dichtkunst zu verbreiten. Selbst die Diener der Kirche nahmen an derartigen Bestrebungen teil. Meister Johannes Hadlaub stand in nahen Beziehungen zum Chorherrenstift in Zürich, Konrad von Ammenhausen, der Ver= fasser des Schachzabelbuches, war ein Mönch, die „Pfaffen" Konrad und Lamprecht bearbeiteten den karolingischen Sagen= kreis wie die Alexandermärchen. Aber alle diese Sänger und Schriftsteller, von denen die Literaturgeschichte noch eine ganze Anzahl Namen kennt, entstammen den Kreisen der niederen

---

[*] Vergl. **Sammlung Göschen Nr. 23, Walther v. d. Vogelweide.**

Geistlichkeit. Diese allein und so auch einzelne Klöster bewahrten die Freude an geistiger Arbeit, indes die höheren Würdenträger der Kirche mehr und mehr roher Weltlichkeit huldigten.

Auch der Eifer, alte Lieder und Schriften, Sagen und Sprüche zu sammeln, findet sich vornehmlich bei den gebildeten Laien und Priestern. Während einerseits ganze Liederbücher zusammengestellt und mit herrlichen Kleinmalereien geschmückt wurden, faßten andererseits unbekannte Dichter die Schöpfungen der verschiedenen Sagenkreise zusammen.*) So entstand im letzten Viertel des zwölften Jahrhunderts und wohl in Oberdeutschland das Nibelungenlied aus wenigstens zwei von einander unabhängigen Gedichten, in denen der nämliche Gedanke zu Grunde liegt, daß „auf Liebe Leid folgt".

Der Sammeleifer erstreckte sich ferner auf Urkunden und Gesetzbücher, wie denn die Zeit vornehmlich bemüht war, über das Recht feste Ansichten zu gewinnen. Der „Sachsenspiegel" des edlen Eike von Repgow und die „Sachsenchronik" des nämlichen Verfassers, der übrigens ein Geistlicher gewesen ist, entstammen der ersten Hälfte des breizehnten Jahrhunderts. Der „Schwabenspiegel" entstand wohl nur um ein weniges später Der Sachsenspiegel besonders muß als ein Rechtsbuch gelten, dem urdeutsche Gedanken und Anschauungen zu Grunde liegen. Es darf daher nicht Wunder nehmen, wenn Gregor XI. (1374) einzelne der darin enthaltenen Sätze für ketzerisch erklärte.

Freilich, die „Ketzerei" ward in dieser Zeit kräftig verfolgt. Friedrich II. (1212—1250) willigte um staatlicher

*) Die berühmteste Liedersammlung dieser Art ist die sog. Manessische, welche früher in Paris sich befand und nun in Heidelberg aufbewahrt wird. Ihre Bilder sind als Darstellungen des höfischen Lebens kulturgeschichtlich sehr wichtig.

Vorteile willen ein, daß der Kaiser dem Papste den weltlichen Arm leihe zur Vertilgung der nicht Rechtgläubigen. Zwar, der Dominikaner Konrad von Marburg, der zuerst in Deutschland die Scheiterhaufen entflammte und dessen Geißel die heilige Elisabeth ihren Rücken bot, wurde von dem gemißhandelten Volke erschlagen. Dagegen gelang es dem habsüchtigen Erzbischof von Bremen, die ketzerischen, d. h. freiheitsliebenden Stedinger Bauern in Friesland mit Unterstützung eines gegen sie aufgebotenen Kreuzheeres zu vernichten. Der gehorsame Hohenstaufe erlebte es sogar an sich selbst, daß die Kirche ihn wegen Ketzerei mit dem Banne belegte und seine Unterthanen zur Empörung aufrief.

Die innere Sicherheit des Reiches, die Friedrich I., der Rotbart (1152—1190), mühevoll erzwungen, ging in dem auf Konrad IV. und Wilhelm von Holland folgenden Zwischenreiche kläglich verloren.

Der Rotbart erließ feste Rechtsvorschriften, sein Enkel veröffentlichte auf dem Reichstage zu Mainz (1235) ein Landfriedensgesetz und zwar zum erstenmale in deutscher Sprache.

Als im Zeitalter des Zwischenreiches (1256—1273) die Fehden und das Raubrittertum, kurz gesagt das Faustrecht, ganz besonders im Süden und im Westen des Reiches überhand nahm, traten die rheinischen Städte und Herren unter Führung von Mainz und Worms zusammen, das Landrecht zu schützen. Auf der roten Erde des alten Wittekind-Landes, in Westfalen, entwickelte sich aus den alten Gaugrafschaftsgerichten die Vehme, deren Oberstuhlherr der Erzbischof von Köln war. Mit den aus freien Männern gewählten „Freischöffen" verbreitete sich diese volkstümliche Selbsthilfe, deren Gerichtssprüche durch die dabei gepflogene Heimlichkeit an

Nachdruck gewannen, über das ganze Reich. Zur Spielerei
herabgeſunken, nachdem der „allgemeine Landfrieden in Deutſchland verkündet worden“, erhielt ſich die Behme dennoch bis
in unſer Jahrhundert.*) Den Romantikern hat ſie manch'
dankbaren Stoff zu dichteriſcher Schilderung geliefert.

Und wie ſtand es um die Wiſſenſchaft im Zeitalter der
Staufen? Die Geſchichtsſchreiber verfaßten ihre Werke
zumeiſt in lateiniſcher Sprache. Immerhin finden ſich einige
Verſuche, wichtige Urkunden, Geſetze und ganze Schriften
durch Anwendung des Deutſchen, weiteren Kreiſen zugänglich
zu machen. Die Städte und Landſchaften verfaßten ihre
Grundrechtsurkunden, die ja nach beſtimmten Zeitabſchnitten
vor allem Volke öffentlich verleſen werden mußten, in der
heimiſchen Mundart.

In der Proſa macht ſich das Ueberwiegen des bürgerlichen Charakters wohlthuend bemerkbar. Der Ritter, der
höfiſchen Sinn pflegte, konnte nur Strophen verfaſſen. Er
hatte alle ſeine Gedanken einzig auf den Minnedienſt gerichtet
und ſo erklärt ſich auch die eigentümliche Erſcheinung, daß
kein deutſcher adeliger Kreuzfahrer von ſeinen Erlebniſſen im
Morgenlande berichtet.

Die Gelehrten finden ſich natürlich vorzugsweiſe im
geiſtlichen Stande. Unter ihnen zeichnete ſich ein naturwiſſen=
ſchaftliches Genie, Albertus Magnus, der Dominikaner Graf
von Bollſtädt aus (1193—1280). Ein Schwabe von Geburt,
hatte er in Pavia ſtudiert, in Paris gelehrt und in Regensburg als Biſchof gewirkt; den größten Teil ſeines Lebens
brachte er jedoch in Köln zu. Wegen der vielſeitigen Kennt-

*) Die Behmlinde und der Behmtiſch in Dortmund ſind erſt um 1889,
bei Gelegenheit der Erweiterung des dortigen Bahnhofes, den Bedürfniſſen der
neuen Zeit zum Opfer gefallen.

nisse, über welche er verfügte, schmückte ihn der Titel: Docto¹
universalis. Seine aristotelischen Forschungen haben die ¹ʸᵐ
mittelalterliche Scholastik bedeutend beeinflußt. Besondere Erfolge erzielte er in der Chemie, Physik und Botanik; sie waren
derart, daß die abergläubische Meinung auch in den folgenden
Jahrhunderten ihn geradezu als einen Zauberer bezeichnete.

Bei der Gefahr, welche umfassende naturwissenschaftliche
Kenntnisse für ihren Besitzer in den Tagen brachten, da der
Scheiterhaufen für die Ketzer bereit stand, darf es nicht ver-
wundern, wenn die gemachten Erfahrungen geheim blieben.
Das wichtigste auf uns gekommene naturwissenschaftliche Werk
des dreizehnten Jahrhunderts, die sogenannte „Meinauer Na-
turlehre" erklärt die bekanntesten Naturerscheinungen ganz in
der abergläubischen Ansicht der Zeit.

Die religiösen Gedanken, welche die Kreuzzüge veran-
laßten, schufen auch eine größere Anzahl Werke, in denen
die Gottgefälligkeit der Fleischabtötung zum Ausdruck gelangte.
Zugleich verfielen der Glaube und die Weltweisheit mehr
und mehr in die dunklen Irrgänge der Mystik. Das Papsttum, gegen das sich derartige Schriften unwillkürlich richten
mußten, da sie die Sittenreinheit und die völlige Entsagung
von jedem Christen forderten, verdammte natürlich die neue,
weit verbreitete Lehre. Wirksam konnte die Kirche aber nicht
einschreiten; denn die Mystiker wurzelten im Volke, aus dessen
Kreisen sie hervorgingen, dessen Sprache sie schrieben und wie
Meister Eckhart in der zweiten Hälfte des dreizehnten Jahrhunderts selbst durch neue Wortschöpfungen bereicherten.

Das Schulwesen erfuhr unterdessen ebenfalls einen
wesentlichen Ausbau. An die Stelle der sich mehr und mehr
von der Jugenderziehung abwendenden Klöster übernahmen
Weltgeistliche und gelehrte Bürger in den verschiedensten Städten

ben Schulunterricht. Die Anſtalten, ſogenannte Collegiat=
oder Chorherren = Stifte, demnach Vereinigungen von nicht
mönchiſch lebenden Prieſtern, erſetzten zunächſt noch die Hoch=
ſchulen. Freilich, wer die höchſte damalige Gelehrſamkeit er=
werben wollte, mußte nach Paris oder an die italieniſchen
Univerſitäten wandern. In deutſchen Landen ſah erſt das
vierzehnte Jahrhundert zu Prag (1347), Wien (1365), Hei=
delberg (1386) und Erfurt (1392) die Vereinigung der vier
Fakultäten zu Hochſchulen ſich vollziehen.

Das eigentliche Leben des deutſchen Volkes iſt auch in
dieſer Zeit noch in ein ziemliches Dunkel gehüllt, ſoweit nicht
die Ritterſchaft und die Städte in Betracht fallen.

In den Dörfern fanden ſich entweder nur hörige
Bauern oder nur Freie zuſammen, oder es lebten einige
wenige ſchutzgenöſſiſche Freie unter den Leibeigenen. Je zahl=
reicher die Freien in einer ländlichen Gemeinde waren, deſto
beſſer ſtand es um die Gerechtſamen auch der Hörigen.
Andererſeits verlor der freie Bauer, dem ein thatkräftiger
Rückhalt an Gleichgeſtellten fehlte, gar leicht ſeine Rechte vor
der Willkür des benachbarten Lehensadels.

Die altdeutſche Feldordnung beſtimmte einzelne
abgegrenzte Gebiete, die Mark für die ganze Gemeinde. Jeder
Genoſſe erhielt von dieſer den Platz für ſeine Hofſtatt zu=
gewieſen. Bezog ein Herr mit den ihm gehörenden Leibeigenen
eine Mark, ſo erbaute er an ſchicklichem Orte den Hof, den
gewiſſe einfache Befeſtigungen, Zaun und Graben ſchützten.
Der übrige urbare Boden zerfiel in drei Felder, von denen
jeder Zinsmann ſein Stück erhielt. Was etwa noch übrig
blieb, hieß die Allmeinde, auf welche jeder Markgenoſſe gleich=
mäßigen Anſpruch ausübte. Von den drei Feldern ward je
eines und von allen Dorfleuten zu gleicher Zeit mit der gleichen

Frucht bestellt. Die gegenseitige Uebereinstimmung herrschte auch vor bei der Abwendung von Schädigungen des Bodens durch Berg und Wasser, Wild und Wald. Blieb die Einigkeit stets erhalten, so gelang es auch wohl der Markgenossenschaft, ihre alten Freiheiten zu bewahren. Verfielen diese an einen Herrn, so setzte dieser einen Hof-Verwalter in der Person des Maiers. Solcher richtete nach Hofrecht, unter Beiziehung der eingeschworenen Aeltesten im Ringe, alljährlich im Mai und nach der Ernte, die geringeren Streitfälle. Der „Zwing und Bann", den der Gerichtsherr gewöhnlich selbst ausübte, beschlug schon schwerere Uebertretungen. Die wirklichen Verbrechen verfielen endlich dem Urteile des königlichen oder herzoglichen Richters, der im Namen der höchsten Behörden den „Blutbann" ausübte.

Der Herr wußte durch die Erhöhung des Zinsfußes und des Zehntens die Freien, wie die Unfreien auf seinem Hofe mehr und mehr in Abhängigkeit zu bringen. Der Zehnte fiel ihm vorweg von jedem Ertrage des Bodens zu, den Zins mußte der geplagte Bauer zudem, und meistens schon in barem Gelde erlegen.*) Kamen noch die Bußen hinzu, die hartherzige Maier gerne auferlegten, so blieben dem Unglücklichen, mit den Seinen kaum das nackte Leben. Weiters drückten auf die Gemeindegenossen die harten Frohndienste für Herren und Vögte, welche letztere die Oberverwalter des ganzen Besitzes der ersteren waren.

Die Hörigen besaßen weder die Freizügigkeit noch selbst das unbestrittene Recht zur Eheschließung. Dazu kam, daß auch der Freie zu den „armen Leuten" zählte, wenn er nicht

---

*) Das baare Geld war um 1300 noch sehr selten. Z. B. galt damals eine gute Kuh 8—10 Mark nach heutigem Werte. Den Geldmangel nutzten natürlich die Darleiher weidlich durch Wucher aus; ein Zinsfuß von dreißig vom Hundert wurde als eine ganz erträgliche Forderung angesehen

den Waffendienst ergriff. Besaß er sonst kein Eigentum, so
verfiel er dem Schicksale der „Fahrenden", die heimat=
los und geradezu vogelfrei das Reich scharenweise durch=
wanderten.

Diese unseligen Verhältnisse auf dem Lande begünstigten
dagegen das Emporkommen der Städte. Einzelne Genossen=
schaften, die vom Könige für ihre treuen Kriegsleistungen
mit der Gunst begnadigt wurden, aus ihren freien Leuten die
Vorsteher zu wählen, legten den Grund zu weiterer Selbst=
ständigkeit. Heinrich IV. besonders zeigte sich großmütig in
der Erteilung von Freibriefen für solche Gemeinden, die den
ihm feindseligen hohen Geistlichen mutig entgegentraten.

Die selbständigen Genossenschaften erklärten bald, daß
auf ihrem Marktboden „die Luft frei mache." Wer irgend
sich losreißen mochte von den Hörigen, floh in diese ursprüng=
lichen Städte; der Adel aber ward gezwungen, wollte er nicht
aller Arbeitshände verlustig gehen, die Unterthanen besser zu
behandeln.

Unter dem Herrenstande machten sich ebenfalls tief
greifende Umwandlungen geltend. Das religiöse Fieber, wel=
ches sich in Form der Kreuzzüge äußerte, verdarb Manchen
an Leib und Gut. Der Ritter kehrte aus dem heiligen Lande
in den allerseltensten Fällen mit guter Beute heim. Immer
fand er dann zu Hause die schwierigsten Verhältnisse vor, die
ihn oft genug zwangen, fernerhin die gern gewährte Gast=
freundschaft der glücklicheren Standesgenossen anzusprechen.
Die jüngeren Söhne kinderreicher, aber an Gütern armer
Familien der kleinen Lehensritterschaft, suchten ihren Lebens=
unterhalt durch Schwert und Laute zu gewinnen. Daß ihnen
bei solcher Beschäftigung keine Rosen erblühten, des ist die
herzliche Danksagung Walther's von der Vogelweide ein

guter Zeuge, als er vom Kaiser Friedrich II. ein bescheibenes Gütchen empfing.

Die Erziehung des jungen Abligen mußte demnach darauf Bedacht nehmen, ihn mit allen jenen Fertigkeiten und Künsten auszurüsten, welcher der Kriegsmann, wie der Sänger beburften. Lesen und Schreiben gehörten jedoch keineswegs zur allgemeinen Bildung des Ritters, wohl aber die Kenntnis der französischen und der lateinischen Sprache. Hatte der Knappe die geforderten Proben seiner Tüchtigkeit unter Anleitung des eblen Lehrmeisters abgelegt, so empfing er die „Schwertleite" (Wehrhaftmachung) von fürstlicher Hand. Uebrigens konnte jeder freie Mann schließlich mit dem Schwerte umgürtet werden und dabei den Ritterschlag empfangen, soferne sein Vater weder ein Geistlicher noch auch ein Bauer gewesen.

Die Waffenübungen stellten die höchsten Anforderungen an die körperliche Kraft und Geschicklichkeit des Jünglings. Zugleich forderte man von ihm sittenstrenges Leben, Ehrenfestigkeit und alle wahrhaft männlichen Tugenden. Während des schlimmen Zwischenreiches freilich, zeichnete sich die beutsche Ritterschaft nur in einzelnen Fällen durch genaue Befolgung der als Knappe empfangenen Lehren aus. Damals kamen die Unmäßigkeit, die Ausschweifung, die Spielleidenschaft auch in jene Kreise, welche die feine höfische Sitte sonst gepflegt.

Fehden, Turniere, Gastereien und „Sängerkriege" brachten es mit sich, daß der Wehrstand den lebhaftesten Verkehr untereinander pflog. Die Gastfreundschaft ward in umfangreichster Weise geübt. So kam es nicht selten vor, daß Frauen und Töchter der Burgherren die eintreffenden Gäste im Bade bebienten, ja daß sie Leistungen erfüllten, welche sonst sich nur bei völlig wilden Völkern zu finden pflegen. Die Frau

war trotz aller Verklärung durch die Minne, eine Hörige.
Sie überwachte die häuslichen Arbeiten, zu denen auch die
Erzeugung der Kleidungsstücke gehörte. Es war ganz gewöhnlich, daß sie dem Eheherrn und seinen Leuten als Arzt
und mit der Feder diente; denn im Gegensatze zum Mann
mußte das adlige Weib lesen und schreiben können. An den
Höfen nahmen die Frauen an allen Festlichkeiten teil. Sie
verschönerten die Kampfspiele durch ihre Gegenwart und
huldigten eifrig leichteren körperlichen Uebungen und dem
schon damals bei der Geistlichkeit verpönten Tanze. In Hinsicht auf die Eheschließung galt der Wille der Eltern oder
der Familie als streng bindende Vorschrift für die Töchter.
Ihre Geburt ward nicht gerade als ein Unglück empfunden,
aber auch keineswegs mit den Freudenfesten gefeiert, welche
den neugeborenen Sohn begrüßten.

Das Haus, in dem die adlige Frau wirkte, ist die feste
Burg gewesen, über welche jeder Lehensmann gebot.*)

Zumeist lagen diese steinernen Bauten, die Hörige im
Frohndienste aufführten, in erhabenen Lagen, um stetsfort die
nähere und weitere Umgebung genau einsehen zu können.
Den Kern einer jeden Burganlage bildete der „Bergfrit“,
ein plumper Turm, dessen Grundrißform gewöhnlich die
viereckige ist. Der Eingang lag in solcher Höhe, daß eine
hölzerne Stiege die Verbindung mit dem Erdboden sichern
mußte. Die schartenähnlichen Lichtöffnungen mit Glasscheiben
auszufüllen, konnte sich nur der reiche Ritter erlauben. Das
Erdgeschoß des Turmes diente als Gefängnis (Verließ), in
dem die rettungslos Eingeschlossenen oft genug erstickten oder
verhungerten. Auf der ersten Balkenlage ruhte die Küche,

---

*) Vergl. d. Verf. „Bilder aus der Kulturgeschichte der Schweiz“; Zürich
und Leipzig, 1895. Abschnitt IV. „Ritterliche Wohnungen zur Staufenzeit.“

die den Knechten gewöhnlich auch als Schlafstätte diente. Eine Leiter führte zur „Kemenate", dem Frauengemache empor, welcher Raum durch eine hölzerne Schutzwand der Einsicht entzogen ward. Wiederum ein Stockwerk höher lag der Flur, in dem die Herren sich für gewöhnlich aufhielten — Rüstkammer, Empfangssaal, Bankett=Halle zusammen. Als Sitze dienten die mit Wildschuren bedeckten Schlafbänke, das Licht zur Nachtzeit mußten schwelende Kienfackeln spenden. Für die Wärme im Winter sorgten gewaltige Kamine, deren Rauchabzug auf die denkbar einfachste Art bewerkstelligt ward. Hoch oben endlich der Söller, ein leerer, kahler Raum, zu welchem man von unten her durch eine Fallthüre gelangte, die mit derben Dübeln verschlossen, die Verteidiger zuletzt noch, vor dem Andringen des Gegners schützte.

Mit der Zeit entwickelte sich neben diesem ursprünglichen Wohnsitze, die größere und im Laufe der Jahrhunderte noch vielfach erweiterte Burganlage.

Andererseits verschwanden infolge der vielen Fehden eine gute Anzahl ritterlicher Wohnstätten; denn die Uebergabe des Bergfrites an den Feind besiegelte gewöhnlich sein end= liches Schicksal, die völlige Zerstörung. Die Besatzung mußte übrigens nur zu gut, daß sie in den seltensten Fällen auf Gnade rechnen dürfe. Höchstens der Burgherr selbst, war er nicht gerade ein Ketzer, ein Hochverräter oder Räuber, seine Familie und seine adligen Kampfgenossen, retteten unter Ver= lust der Besitztümer durch den Schwur der „Urphehde" das nackte Leben. Die Urphede nahm ihnen gesetzlich das Recht, geschehene Unbill zu rächen, und so wanderten sie denn ge= wöhnlich in's Elend.

Die **Ritterheere** lernten im Laufe des zehnten Jahr= hunderts geschlossen auf den Schlachtfeldern kämpfen. Die

Bewaffnung des Einzelnen umfaßte gleichmäßig Lanze, Schwert,
Dolch, Streitkolben oder Streitart, die Rüſtung hüllte Mann
und Roß in Eiſen; zu größerer Deckung gegen Stich und
Hieb führte der Reiter noch das mit ſeinem Wappen ge-
ſchmückte Schild. Zum Gefechte ordnete ſich die Maſſe gewöhnlich in eine offene Linie, auf ſechzig Schritt vom Gegner
ſtürmte dieſe dann in raſchem Trabe vor. Die Entſcheidung
mußte in den nun folgenden Einzelkämpfen geſucht werden.
Die Knappen und leicht gerüſteten Fußknechte töteten die zu
Boden Gerannten oder nahmen ſie gefangen; andererſeits fiel
ihnen auch die Aufgabe zu, ihre verwundeten Herren vor dem
Aeußerſten zu ſchützen und aus dem Getümmel zu retten.
Der Heerführer, welcher bei dem Hauptbanner hielt, ſchied
von vorne herein die aus den beſten Streitern gebildete Rück-
hut aus. Erſt in dem Augenblicke, da die Wage des Sieges
ſchwankte, ſtürmte dieſe Abteilung in das Gewühl, um den
Ausſchlag zu geben.

Die Turniere, an denen bisweilen an tauſend Lanzen
zugleich teilnahmen — und zu einer Lanze zählten auch
die Knappen und Knechte des betreffenden Ritters — bildeten
getreue Abbildungen der wirklichen Feldſchlachten. Auch in
dieſen Kampfſpielen gab es Tote, Verwundete und ſogar Ge-
fangene, deren weiteres Schickſal in den Händen der zu-
ſchauenden Damen lag. Immerhin zeigten dieſe niemals die
Grauſamkeit der römiſchen Frauen, obwohl die Turniere ſonſt
ſtark an die wildeſten Gladiatoren=Kämpfe des vorchriſtlichen
Zeitalters erinnerten.

Die Toten, welche nicht einer räuberiſchen Fehde zum
Opfer gefallen, beſtattete die Kirche mit vieler Feierlichkeit.
Ruhte ein Ritter im Grabe, ſo hing man ſeine Rüſtung
oder wenigſtens ſein Schild in der Nähe an einem Baume auf.

Im vierzehnten Jahrhundert ward es mehr und mehr Sitte, die Turniere mit stumpfen Waffen auszukämpfen. Die fortdauernden Fehden freilich und verheerenden Seuchen sorgten nur zu sehr dafür, daß die Menschheit ein kurzes Leben durchwanderte. Das Durchschnittsalter der Deutschen betrug noch im Beginne des fünfzehnten Jahrhunderts kaum sechzehn Sommer, indes unsere Zeit das Menschenalter auf achtund= dreißig bis vierzig Jahre berechnet. Eine eigentümliche Stellung innerhalb der ritterlichen Gesellschaft nahmen während und nach den Kreuzzügen die geistlichen Orden der Templer, Johanniter und der Deutschen Schwertbrüder ein.

Besonders diese Letzteren, deren Kennzeichen der weiße Mantel mit dem schwarzen Kreuz war, sind für Deutschland wichtig geworden. Bei der Belagerung von Akkon aus echt christlichen Beweggründen entstanden, kamen die Brüder unter Führung des Hochmeisters Hermann von Salza in das ost= preußische Land Kulm. Geleitet von den Gelübben: Armut, Keuschheit, Gehorsam und Kampfeslust gegen die Ungläubigen, begannen sie mit Erfolg die Kultur des heidnisch=slavischen Preußens. Dort wirkte als erster Landmeister der ge= waltige Hermann Balke und ihm, wie seinen Nachfolgern ge= lang es, den gewonnenen Besitz zu sichern. Darauf verlegte der Orden das Hochmeister=Amt in die herrliche Marienburg, dadurch bezeugend, daß er ein neues großes Gebiet der Deutschen Kultur gewonnen habe.

In der That zeigt sich gerade in dieser Leistung die Be= deutung des Rittertums im schönsten Lichte. Die siebenzig= tausend Reisige, welche einst (1147) unter König Konrad in's heilige Land zogen, erlangten dort keinen bleibenden Erfolg. Ihr Ziel ist zu unklar gefaßt gewesen, als daß es hätte er= reicht werden können. Ueberdies fochten sie zu fremdem, rein

romanisch-päpstlichem Nutzen.   Die Italienfahrten des Rot-
bartes richteten ihre Spitze zu Gunsten des Todfeindes deutscher
Kaisermacht gegen die Freiheit stolzer, wohlhabender Bürger.
Zwar Mailand mußte sich der Gewalt der Staufen unterwerfen, aber die Lebenskraft der Städte Italiens vermochten
die deutschen Ritter keineswegs auch nur für kurze Frist in
andere Bahnen zu lenken.

Dagegen sollte die Urbarisierung der preußischen
Lande gelingen, weil sie von Rittern, Bürgern und Bauern
zusammen bewirkt wurde.   Die Kämpfer verwandelten sich,
nachdem sie die Schwerter in die Scheide gestoßen hatten, in
friedliche Ansiedler.   Ebenso unermüdlich in der Arbeit, wie
im Kampfe, mochten sie schnell einen behaglichen Sitz erwerben.   Immer neue Scharen von in der alten Heimat
schwer Bedrückten wanderten nach Preußen aus.   Bereits
ein halbes Jahrhundert später, als die ersten Schwertbrüder östlich der Weichsel erschienen waren, wetteiferten
diese Landschaften in ihrer Kultur mit den übrigen Gauen
Deutschlands.

Die festen Orte Kulm, Thorn, Marienburg nahmen
tüchtige Bürger auf, das günstig gelegene Elbing empfing aus
Lübeck eine gute Anzahl Kaufleute, welche den Tauschhandel
zwischen Ost und West vermittelten.

Das Fortschreiten des Deutschtums im Osten ermöglichte nun auch endlich das Ziel zu erreichen, welches die Ottonen vergeblich erstrebt hatten, die von den Slaven besetzten Landschaften zwischen Elbe und Oder mit Germanen zu besiedeln.
Schon um die Mitte des dreizehnten Jahrhunderts durften
Mecklenburg, Vorpommern und die Mark Brandenburg für
vorwiegend deutsch gelten.   Die Eingewanderten aber stammten
aus Niedersachsen, Friesland und Franken; die Oberdeutschen

fehlten völlig. Dadurch gewannen die neuen Erwerbungen
einen entschiedenen, gleichmäßig niederdeutschen Charakter.

Andererseits wanderten die Sachsen auch nach Südosten
aus, um in Siebenbürgen, also mitten unter den Magyaren
eine neue Heimat zu finden. Waren sie vorzugsweise Bauern,
so empfing Schlesien dagegen eine Menge bürgerlicher Kräfte,
die von Breslau aus den Binnenhandel trieben.

Der deutsche Ritter eroberte das Land, der Bauer öffnete
es der Kultur, der Bürger sicherte ihm das ruhige Fortschreiten
auf der einmal gewonnenen Bahn.

Während im Reiche die Stände sich hart gegen einander
abschlossen und ihren Nutzen geradezu in wechselseitiger Be-
drückung sahen, hielten sie in der Fremde vortrefflich zusammen,
weil der Verlust des einen auch die Besitzschädigung der
anderen nach sich zog.

Die Erfolge in den neu besiedelten Landesmarken wirkten
mächtig auf die Haltung der Städte im Reiche zurück. Nicht
nur, daß die dort überflüssigen Kräfte ein geeignetes Feld
zur nutzbringenden Thätigkeit fanden, die Mutterstädte bereicherten sich ebenfalls durch die neu eröffneten Handelswege.
Zugleich mit dem Wohlstande erstarkte ihr sittliches Selbstgefühl.

Der Adel im Reiche dagegen verkannte die Zeichen der
Zeit. Haltlos und nur von Habsucht und Formelkram beseelt, nahm er kaum noch Anteil am Kampfe zwischen Papst
und Kaiser. Während des Zwischenreiches gewöhnte sich
mancher Nachkomme des einst so glänzenden Lehensadels an's
Rauben und Plündern. Diese Sittenlosigkeit sollte die schwerste
Strafe nach sich ziehen. Sobald die Städte machtvoll auf
den Plan traten, mußten die Herren die Waffen strecken und
Frieden suchen mit dem verhaßten Bürgertum.

III.
Das deutsche Bürgertum im Mittelalter.

Schriften: W. Vischer, Geschichte des Schwäbischen Städtebundes. J. W. Barthold, Geschichte der Deutschen Hansa. Aeneas Sylvius Briefe.

Unter den Kaiserbildern im Saale des ehrwürdigen Römers zu Frankfurt, der reichen alten Stadt am Main, tritt dem Beschauer die charakteristische Gestalt Heinrichs I., (919—936) des Sachsen, entgegen. Ihn nannte die Geschichtsschreibung einer früheren Zeit den deutschen Städtegründer, die neuere Forschung hat ihm diesen Ruhm zum Teil gekürzt. Sie läßt ihn nur als den Erbauer und Ausgestalter von Burganlagen gelten, in denen er starke Stützpunkte gewann für seine Kämpfe wider die Magyaren.

Doch, ohne Burg keine Bürger! Der Bergfrit der kaiserlichen Festungen bildete den Kern der neuen Städte, die seit dem Ausgange des zwölften Jahrhunderts in die Geschichte des Reiches eingreifen.

Angeordnet nach Grundsätzen der Nützlichkeit mußten die Städte bald größere Verpflichtungen übernehmen. Der wiederholte, wenn auch jeweils nur kurze Aufenthalt der Könige in ihren Mauern, die ständige Besatzung erforderten die Befriedigung größerer Bedürfnisse. So siedelten sich Handwerker und Krämer innerhalb der schützenden Befestigungen an. Diese umschlossen bald wichtige Marktplätze, auf denen der regelmäßige Austausch mannigfaltiger Waren stattfand. Damit verbanden sich auf die natürlichste Weise die Gerichtsrage, welche bereits Heinrich I. in die festen Plätze verlegte, um seine noch immer ziemlich unbändigen Landsleute, die Sachsen, an die Notwendigkeit fester Mauern zu gewöhnen, hinter denen sie in schwerer Zeit für das Reich kämpfen sollten. Andere Orte — so besonders die uralten rheinisch-westphälischen Städte — bargen neben den Gräbern christlicher Märtyrer die Hofsitze höherer Geistlicher, ohne sonst einen wesentlichen Unterschied gegenüber den königlichen Ansiedlungen aufzuweisen. Der weitaus größere Teil der Bewohner waren verpflichtete Hörige, die hier wie dort entweder ländliche Arbeiten oder handwerksmäßige Verrichtungen im Frohndienst zu leisten hatten. Ihnen gegenüber standen die freien Beamten und die Kaufleute, welche über sich nur den König als Herrn anerkannten und derart den Grundstock des später sich ausbildenden Patriziates darstellten.

Es war das Streben der frühmittelalterlichen Städte, den bekannten guten Wohnsitz unter dem Krummstabe zu finden; denn der geistliche Herr forderte niemals so viel, wie der König, oder besser gesagt, dessen rauhen Vögte. Die Kaiser beförderten übrigens die Macht der Kirche durch Stiftungen aller Art und durch die Uebertragung des Gerichtsbannes, der Zoll-, Markt- und Münzrechte an die geistlichen Herren, um an diesen, die doch ohne rechtmäßige Erben blieben, eine gewisse Unterstützung in dem Kampfe wider den längst unbotmäßig gewordenen Hochadel zu finden.

Mit dem stetigen Wachstum der Städte entwickelte sich auch das demokratische Gefühl ihrer Bewohner, denen die Lebensführung des Geistlichen willkommenen Anlaß gab, die Erdenfahrt des Erlösers mit der seiner damaligen Diener zu vergleichen. Als königstreue Leute in dem Kampfe des Kaisers wider den Papst zeichneten sie sich aus, und ihr Lohn war die Gewährung der völligen Freiheit für alle Bewohner, welche bereits in Gilden und Innungen geteilt, wenigstens das neu entstandene Patriziat an den öffentlichen Geschäften teilnehmen ließen.   Ja, gegen Ende des zwölften Jahrhunderts errangen die größeren Städte im Rhein= und Donaugebiete auch schon eine gewisse politische Bedeutung für sich, welche von den Hohenstaufen durchaus nicht unterschätzt wurde.

Ein Städtebild jener Zeit hatte wenig Anziehendes aufzuweisen; kurz gesagt, es stellte nicht mehr vor als ein großes, schmutziges eng gebautes Dorf, das mit Ringmauern umgeben war. Verschiedene Scenen aus der bekannten Lebensgeschichte Till Eulenspiegels lassen uns deutlich erkennen, wie es damals in deutschen Städten zuging; die Geschichte von den Schweinen, welche die unglücklichen Schneider von dem Laden herunter in den Kot werfen, enthüllt noch lange nicht das Schlimmste. Hundert Jahre scheinen, wenigstens in den stets reicheren und größeren Orten am Rhein, einen großen Fortschritt bewirkt zu haben. Wird doch berichtet, daß Kaiser Rudolf I. (1273—1291) über die Pracht eines basler Gerberhauses weiblich staunte. Immerhin bildeten steinerne Gebäude und feuerfeste Bedachungen die größte Seltenheit; das zumeist aus strohgedeckten Fachwerkhäusern bestehende Zürich brannte (1280), zum größeren Teile durch die Unthat eines rachsüchtigen Bäckers ab. Von Mainz, Regensburg und Hildesheim werden ähnliche Geschehnisse erwähnt.

Die mächtigste und angesehenste deutsche Stadt jener Zeit war das von den Römern schon zu einer Kolonie (colonia agrippinensis) umgewandelte, uralte Köln, dessen älteste Geschlechter wohl auf ihren Ursprung aus der weltbeherrschenden Capitale pochen durften.   Seit dem elften

Jahrhundert nahm Köln die leitende Zünfte unter den rheinischen Ortschaften ein, bei Tusculum siegten einhundertundsechs seiner Ritter über die Nachkommen ihrer eigenen Vorfahren. Im ersten Drittel des vierzehnten Jahrhunderts regte sich auch in Köln gleich wie in den meisten größeren deutschen Städten das demokratische Element, hier wie dort aus Notwehr, um nicht von dem Patriziate wieder vollkommen zu besitzlosen Hörigen erniedrigt zu werden. Es kam (1321) das „Eidbuch" zustande, eine immerhin noch höchst unvollkommene Verfassung, die, je länger je mehr, wieder die Uebermacht des P a t r i z i a t e s bestätigte. Wenngleich einige Mittel gegen die dem Bestehenden stets gefährlich werdende Einwanderung versucht wurden, das Zudringen frischen Blutes ließ sich auf die Länge nicht verhindern; es folgten gegen Ende des Jahrhunderts gefährliche Zunftaufstände, deren letzter siegreich blieb. In einem (1396) erlassenen „Verbundbriefe" einigen sich der R a t und die z w e i u n d z w a n z i g Z ü n f t e *) und „doin kunt allen luden, dye nu synt hernamails comen soelen — — dat man — — sachen ind Gesetze — — bewaire dat sy in eynre erfflicher memorien ind ewigher gedechtnysse unverbruchlichen gehalden werden zo ewighen daghen". Der Rat durfte von nun ab keine Fehden beginnen oder größere Steuern erheben ohne Zustimmung der ganzen Gemeinde, deren Zünfte

---

*) Da dieselben die meisten der damaligen überhaupt bestehenden Gewerbe in sich schlossen, mögen sie hier folgen. Es sind: Wollenweber und Tuchscheerer, Weißgerber und Zeugweber; Eisenhändler; Waidhändler und Leinenfärber; Goldschmiede und Goldschläger; Buntwirker; Schildmacher und Seidensticker, Sattler und Glasarbeiter; Steinmetze, Zimmerleute, Tischler, Dachdecker und Töpfer; Schmiede; Bäcker; Brauer; Gürtler und Lederarbeiter, Nadelmacher, Drechsler, Beutler und Handschuhmacher; Harnischschmiede, Schwertfeger, Barbiere; Fleischer, Fischhändler; Schneider; Schuhmacher, Lohgerber und Holzschuhmacher; Kannegießer; Böttcher, Küfer und Weinhändler; Leineweber

Abgeordnete in den „einzigen" Rat sendeten und die die
Bürgermeister lieferten. Alle halbe Jahre ward der Rat zur
Hälfte erneuert — ein Verfahren, das die oberdeutschen
Städte längst in Anwendung brachten — und die Aus-
tretenden blieben für drei Jahre unwählbar.

Um ein oberdeutsches Gegenstück zu dieser Revolution
zu geben, mag hier die sogenannte Brunsche Verfassungs-
änderung in Zürich (1336) kurz geschildert werden.

Auch in Zürich waren nur die ritterbürtigen und die
diesen gleich geachteten reichen Geschlechter ratsfähig. Während
das Patriziat in Köln aber über den Großhandel verfügte,
lebten die zürcher Herren meist aus den Abgaben des bereits
mächtigen und wohlhabenden Handwerkerstandes, ohne doch
auch nur irgend etwas Außerordentliches für das Gemeinwesen zu leisten. Im Gegenteil war der Rat ernstlich
bemüht, die Märkte und Gewerbe an einer freien Entwickelung durch boshafte polizeiliche Maßregeln, zu verhindern.
Immerhin besaß die Gemeinde längst das Recht, zweimal
jährlich die Teilerneuerung des Rates vorzunehmen. Eine
geschickte Wahlmacherei beraubte jedoch die vorwärts streben-
den Elemente der Bürgerschaft eines jeden gesetzlichen Ein-
flusses. Der ehrgeizige, ritterbürtige Ratsmann Rudolf Brun,
dem wohl weniger die demokratische Ausgestaltung der Gemeinde als die Vergrößerung seiner eigenen Macht am Herzen
lag, benutzte die herrschende Unzufriedenheit. Im Mai 1336
wurden die Beschwerden eingereicht. Da der Rat sie zu
verhandeln vergaß, erwählte die Gemeinde Brun zum Bürgermeister und übertrug ihm die Ausarbeitung der Verfassung,
welche (16. Juli 1336) angenommen und beschworen wurde.
Die Ritterbürtigen bildeten fortab nur mehr eine der dreizehn
Zünfte, deren Vorsteher die Zunftmeister mit dreizehn Adligen

zuſammen den Rat bildeten. Als die entflohenen alten
Geſchlechter mit Hilfe der Grafen von Rapperwyl die
Wiederherſtellung ihrer Rechte auf gewaltſamen Wege (Treffen
bei Grynau, 1337) zu erreichen ſuchten und ſelbſt Rudolf
Brun zu ermorden trachteten (Zürcher Mordnacht, 1350),
brachten ſie es lediglich dazu, daß die Stadt (1351) in den
Bund der Eidgenoſſen eintrat, alſo dem Reiche verloren ging.

Von der folgenſchwerſten Bedeutung für die Entwickelung
des Bürgertums ſind die verſchiedenen Städtebünde ge=
weſen. Sie verdankten ihre Entſtehung der Notwendigkeit,
die Handelsbeziehungen zu ſchützen. Die Häfen an der Oſtſee
ſtanden lange ſchon in Verbindung mit Rußland, das ihnen
Waren aus dem Orient vermittelte. Dieſe Häfen, unter
denen das ſagenhafte, untergegangene Vineta und das nun
völlig unwichtige Wisby, die bedeutendſten waren, ſind ur=
ſprünglich natürlich von Slaven bewohnt worden, zu denen
erſt ſpäter deutſche Einwanderer traten. Dieſe lernten hier
überhaupt das ſtädtiſche Leben kennen, und gar bald nahmen
ſie, die Sieger in dem politiſchen Kampfe, die Handels= und
gewerblichen Erfahrungen der Unterlegenen zu ihrem Nutzen
an. Dabei wirkte das bis heute bewahrte germaniſche Erb=
teil der Ungebundenheit und des ſelbſtändigen Lebens befruch=
tend mit. Gerade dieſer Eigenart verdankten die deutſchen
Städte — und waren ſie auch vorerſt nur unbedeutend im
Hinblick auf fremde Handelsgemeinden — ihre Lebensfähigkeit
und ihre Kraft. Der ältere Handel deutſcher Kaufleute iſt
kaum viel mehr als ein mühſeliges Hauſieren geweſen in den
noch tief in der Barbarei ſteckenden Landſchaften. Erſt
als der deutſche Orden die Oſtſeeländer ſeinem Schwerte
unterwarf und die Kreuzzüge gegen die Sarazenen durch
Kaiſer Konrad III. recht eigentlich zur Nationalangelegenheit

erhoben wurden, nahm der Handel Deutschlands einen wirk=
lichen Aufschwung.

Die H a n d e l s s t r a ß e n, welche von den Alpen
und den Donauländern nach dem Rhein und den Nieder=
landen führten, wurden immer mehr besucht und Städte
wie Augsburg, Breslau, Köln und besonders das günstig in
der Mitte gelegene Erfurt, dem noch eine Art Straßenzwang
zu Hilfe kam, wurden bedeutende Stapelplätze. Flanderns
Städte und Märkte wurden von Italienern und Orientalen,
von Deutschen und Slaven besucht; sie lernten einander dort
kennen und schlossen enge Verbindungen. Wie die Italiener
im Mittelmeer den Zwischenhandel der das große Becken
umgrenzenden Länder an sich rissen, so erhoben sich die
Deutschen zur unbeschränkten Handelsherrschaft in der Ostsee.

Immerhin blieb alles, was mit Leben und Besitz zusammen=
hing, bei der obwaltenden Rechtlosigkeit ein unsicher Ding.
Das Bedürfnis nach einem rechtlichen Verkehre ließ die
deutschen Kaufleute in fremden Ländern zu Gesellschaften
zusammenstehen, welche später, als sie durch einen mächtigen
Bund niederdeutscher Städte vertreten wurden, unter dem
Namen „Hansa" so berühmt geworden sind. Es lag im Cha=
rakter jener Zeit, daß diese H a n d e l s g e s e l l s c h a f t e n die Form
eines Staates im Staate annahmen, daß ihre Niederlassungen
mehr das Aussehen einer Festung, als das eines Comptoirs
oder Handelsgerichtes hatten. Schon im zwölften Jahrhundert
besaßen die Kaufleute von Köln in London ihr eigenes
Gildehaus, Heinrich III. (1216—1272) gestattete den
Hamburgern, Lübeckern und anderen das nämliche zu thun,
gegen Erlegung der üblichen Abgaben. Natürlich wirkten
derlei Unternehmungen auf die Heimat zurück; hier entstanden
wohl im Beginne des dreizehnten Jahrhunderts Gruppen von

Städtebünden an der Nordſee, in Mecklenburg, Sachſen und am Rhein, welche durch bedeutende Zwiſchenglieder miteinander korreſpondierten.

Lübeck und Hamburg hatten längſt (1241) eine enge Verbindung geſchloſſen; den Bemühungen der erſtgenannten Stadt gelang es ſchließlich, die Hanſa zuſammen zu faſſen. Bald gehörten ihr über neunzig Orte an, und ſeit 1358 hielt man gemeinſame Tage ab, auf welchen die „drei Drittel“ oder ſpäter die „Quartiere“ mit ihren Vorſtänden Lübeck, Braunſchweig, Danzig und Köln gemeinſame Beſchlüſſe faßten, von denen einzelne, wie die Vereinheitlichung von Münze, Maß, Gewicht und Zoll weit über die Forderungen der Zeit hinausgingen. Großes hat die Hanſa geleiſtet in der Sicherſtellung des Handelsverkehrs zur See; die Kämpfe mit den Vitalienbrüdern, mit Waldemar III. (1361—1370) von Dänemark zeugten von der Macht der Verbündeten. Aber, die Hanſa verknöcherte im Gildenweſen. Die Entdeckung der neuen Seewege, der aufblühende Eigenhandel der Niederlande und Englands, die troſtloſe Zerſplitterung Deutſchlands —, wie innere Streitigkeiten brachten der Hanſe den Untergang; ſie war längſt ihrer Machtſtellung entkleidet, als Eliſabeth von England den Stahlhof zu London ſchloß (1598).

Nach Süden ging der große Handelsweg ins italieniſche Land, zumeiſt nach Venedig, woſelbſt am Rialto der Fondaco dei Tedeschi beſtand, welches Haus aber, trotz ſeiner ſchönen Einrichtung — Giorgione und Tizian malten nach dem großen Brande (1504) die Tuchhalle mit Fresken — mehr einem Gefängniſſe als einem Wohnſitze glich, weil die Signoria der Lagunenſtadt die Fremden niemals mit Rechten ausſtattete. Immerhin erhielten ſich die geſchäftlichen Be

ziehungen zu Venedig, bis dieses (1797) zu einer österreichischen Provinzstadt heruntersank.

Die binnenländischen Städtebünde, der rheinische
(1254) und der schwäbische (1337, 1376) suchten sich vornehmlich gegen die wachsende Macht der benachbarten Landesherren zu schützen. Die Schwaben wurden von Kaiser Karl IV.
(1347—1378) anerkannt (1377); auch vereinigten sie sich
mit den Rheinländern (1381) und zum Teil mit den
schweizerischen Städten. Schon schwebten Verhandlungen
mit der Eidgenossenschaft, die eben (1386) Leopold von
Oesterreich bei Sempach vernichtet hatte, als Eberhard der
Greiner (1345—1398) bei Döffingen (1388) und Pfalzgraf
Ruprecht bei Worms (1388) siegten. Der im folgenden
Jahre zu Eger geschlossene Friede vernichtete diese Sonder-
bündnisse.

Solch' kriegerische Leistungen der Städe erforderten einen
gewaltigen Aufwand an Mitteln, eine großartige Entfaltung
der Wehrkraft. Ursprünglich nichts anderes als Schutzplätze
an der bedrohten Landesmark, blieben die Städte immer dem
Grundsatze getreu, daß jeder neue Einwanderer mit Gut und
Blut für die Sicherheit des Gemeinwesens einstehen müsse.

Es entzieht sich aller Berechnung, wieviel die großartigen Be-
festigungswerke kosteten, in denen alle Städte ihre wichtigsten
Kriegsmittel erblickten. Jedenfalls waren die Auflagen, welche
der Bürger für derlei öffentliche Arbeiten zu leisten hatte, ungleich höher als die bäuerlichen Zehnten. Wenn trotzdem der
Wohlstand der Gemeinwesen fortgesetzt wuchs, so zeigt das
deutlich wie klug sie ihre Handelsvorteile zu wahren wußten.
Mit dem Aufschwung der Städte zusammen fällt das Bekannt-
werden der ursprünglich von den Byzantinern (in der zweiten
Hälfte des XIII. Jahrhunderts) gemachten Erfindung des

Schießpulvers. Damit gewannen die Städte ein furcht-
bares Verteidigungsmittel gegen die Herren, welche ihnen
sonst an kriegerischer Tugend, wie an geschulter Kriegsmacht
zumeist weit überlegen waren. Um 1340 ward bereits in
Augsburg, um 1344 in Spandau Pulver erzeugt. Natürlich
verfertigte man auch „Büchsen", d. h. jene unförmlichen
Kanonen, die Stein- und später auch Eisenkugeln warfen.
Nach 1360 verbreitete sich ihre Anwendung immer mehr und
um 1380 führten zuerst die süddeutschen Städte — wohl nach
italienischem Muster — die Handrohre ein, aus denen sich
nach und nach die Gewehre entwickelten. Gegen den Beginn des
fünfzehnten Jahrhunderts erhielten diese die seitliche Zündpfanne
und das Lunten- (Drachen-) schloß; 1498 erfand Kaspar
Zöllner in Wien die gezogenen Läufe, 1517 trat dazu die
Nürnberger Erfindung des Radschlosses, der sich neunzig Jahre
später in der nämlichen Hochburg deutschen Gewerbfleißes
das Schnapphahnschloß zugesellte. Wahrscheinlich ist auch die
zwischen 1630 und 1648 entstandene Batteriezündung (Steinschloß) die Erfindung eines deutschen Büchsenmachers.*)

Die einst durch die geistliche Macht begründeten Städte
enthielten meistens das Grabmal eines christlichen Märtyrers.
Bei dem steigenden Wohlstande und der allgemeinen Verehrung, welche solche Reliquien das ganze Mittelalter hindurch
genossen, darf es nicht Wunder nehmen, wenn auch die übrigen
Gemeinwesen bemüht waren, ihren besonderen Heiligen die
größten Huldigungen in sichtbarer Form darzubringen.

Durch den Einfluß, welchen Frankreich auf Deutschland

---

*) Ob 1301 bereits in Amberg das Geschütz thatsächlich zur Verwendung
gelangte, ist fraglich. Dagegen wird für Einbeck um 1365 der Gebrauch von
Bleikugeln erwähnt. Das erste Scheibenschießen hielt Nürnberg 1429, Augsburg 1430 ab, derart die Wichtigkeit eines wohlausgebildeten Schützenwesens
anerkennend.

im Verlauf der späteren Kreuzzüge gewann, gelangte auch der
Spitzbogen-Baustil, den die Italiener fälschlich den „go-
tischen", d. h. den barbarischen nannten, in das Reich. Er
eignete sich trefflich für die engbegrenzten Räume da er mehr
die Höhe als die Fläche ausnutzte. In der Hallenkirche mit
den gleich hohen Schiffen kommt der demokratische Geist des
deutschen Bürgertums in glücklichster Andeutung zum Aus-
drucke. Freilich, im ganzen genommen weisen diese Bauten
eine ziemliche Nüchternheit auf, welche bei den französischen
Vorbildern durchaus nicht vorherrschte.

Wie aber die deutschen Bauhütten, die Vorläufer
der Freimaurerei, kaum anders aufzufassen sind, denn als Innungen vorzüglich geschulter Steinmetzen, so zeugt auch die
deutsche Gotik mehr von dem Wirken geschickter Handwerker,
wie von dem geistigen Schwunge glänzender Künstler. Da
mochte die Plastik ebenfalls nicht die großartige Aus- und
Durchbildung erfahren, wie in den romanischen Landen. Die
Bauhütten hielten ganz im Sinne der den Deutschen so ver-
trauten Mystik, des „Zirkels Maß und Gerechtigkeit" in
hohen Ehren. Anstatt des freien bildnerischen Schmuckes
schufen sie knorrige Laubwerk-Verzierungen oder geometrische
Spielereien.

Anders stand es mit einem Zweige der Malerei. Die bunten
Glasscheiben der durch die Enge des Raumes bedingten gewaltigen Kirchenfenster, erfahren in dieser Zeit die kunstfertigste Be-
handlung. Ob jedoch die Glasmalerei eine deutsche Kunst sei,
ist noch eine offene Frage.*) Die gemalten Scheiben dämpften

---

*) Wenngleich Abt Gozbert in Tegernsee um das Jahr 1000 dem Grafen
Arnold für die der Kirche geschenkten Glasgemälde dankt, so erwähnt doch der
etwas später lebende Theophilus ausdrücklich die Franzosen als die größten
Meister in dieser Kunst. Es ist demnach eher anzunehmen, daß die Glasmalerei
in Frankreich, als in Deutschland entstanden sei.

das voll einströmende Sonnenlicht und brachten die von der Mystik geforderte vielfarbige Dämmerung hervor. Zugleich diente diese Farbenpracht dem Priester zur sichtlichen Erläuterung seiner Worte, daß Christus durch den jungfräulichen Leib Marias Mensch geworden sei, wie die Sonne durch das Fenster scheine und ihr Licht verwandele ohne Glas und Farben zu zerstören. Im zwölften Jahrhundert wurde die Glasmalerei allgemeiner geübt, im fünfzehnten schon hatte sie den Höhepunkt erreicht, im siebzehnten gehörte sie der Vergangenheit an.

Die großartigen Kirchenbauten, das Heranziehen der Architektur zur Errichtung von Rathäusern, Zunftgebäuden und selbst Befestigungsanlagen, blieb natürlich nicht ohne Einfluß auf die gesamte äußere Gestaltung der Städtebilder. Der verwöhnte Humanist Aeneas Sylvio Piccolomini (1405—1464), der später als Papst Pius II. den Stuhl Petri bestieg, rühmt die ihm bekannten deutschen Städte — um die Mitte des fünfzehnten Jahrhunderts — über alles Maß.*) Ausdrücklich erwähnt er, daß die Häuser in Wien außen und innen mit Gemälden geziert seien, daß herrliche Baumgänge überall angelegt worden wären. Der Fresken= schmuck deutscher Städte im späteren Mittelalter ist in der That eine ihrer wesentlichen Auszeichnungen. Unter den Darstellungen waren besonders beliebt Heiligenlegenden und die sogenannten Totentänze, welche dem Menschen die Nichtigkeit alles irdischen Wesens vorführen sollten. In groß= artiger Freigebigkeit sorgten die deutschen Gemeinwesen dafür, daß jedermann köstliches Wasser im Ueberflusse fände. Die Brunnen, architektonische Meisterwerke, gewöhnlich durch

---

*) Der große Humanist nennt besonders: Wien, Nürnberg, Augsburg, Basel, Aachen, Speier, Trier, Worms und Köln.

die figürlich dargestellten Heiligen gleichsam beschützt, sind auch
heute noch die Kleinodien mancher alten Stadt. Ihnen reiht
sich das die Gesundheit fördernde Element der Bäder würdig
an, dessen Ursprung zunächst wohl auf die im Morgenlande
erkundete Sitte zurückzuführen ist. Aus mehrfachen Berichten
weiß man zwar, daß die Badeanstalten, je länger je mehr,
zu Stätten ausschweifenden Lebens wurden, die sich mit
den von jedem Gemeinwesen behördlich geschützten „Frauen=
häusern" messen durften. Die Reformation vernichtete
darum die Bäder, ohne sie in gesitteter Form wieder auf=
leben zu lassen, und es darf also nicht Wunder nehmen,
daß das Baden im Freien z. B. noch gegen Ende des vorigen
Jahrhunderts als arge Zuchtlosigkeit betrachtet ward. Die
bezüglichen Abenteuer der beiden Grafen Stolberg sind ja von
Goethe lustig geschildert worden.

Auch in Rücksicht auf die so häufig wütenden S e u c h e n
wußte das Mittelalter etwelche Vorkehrungen zu treffen.
Fromme Brüderschaften — darunter die bekannten, sonst ganz
weltlich gesinnten Kalender= oder Kalandsbrüder — übten
Wohlthätigkeit und Krankenpflege. Auch die kleinsten Städte
stellten einen Gemeindearzt an und gaben ihm in Pestzeiten
die nötigen Gehilfen. Für den schrecklichen Aussatz, der im
zwölften und dreizehnten Jahrhundert die gefürchtetste Krank=
heit des Abendlandes war, errichtete man die „S i e c h e n=
h ä u s e r", aus denen nach und nach die allen Leidenden
zugänglichen, durch fromme Stiftungen erhaltenen wie ver=
größerten „Spitäler" hervorgingen. Auch der Armut nahm
sich der Gemeinsinn voll Barmherzigkeit an; die „Pfrund=
h ä u s e r" dienten dem arbeitsunfähigen Alter zum Asyle, die
„Elendenherbergen" (Elend ist gleich Fremde) behielten arme
Reisende je eine Nacht.

Während man so ängstlich bemüht war, im Sinne der Lehre des Heilandes zu wirken, verfuhr man andererseits mit unendlicher Grausamkeit gegen die „unehrlichen Leute" und die Juden. Erstere betrieben Gewerbe, welche teilweise schon den alten Germanen verächtlich gewesen waren. Es zählten sich zu ihnen vorab die Gaukler, Fechtkünstler und Musikanten, die Schauspieler (Schnurranten), die Schäfer und die Henker. Die letzteren besonders blieben auch noch nach dem berühmten Reichsgesetze von 1731 unehrlich, ja, ihre fürchterliche Thätigkeit bringt es mit sich, daß sie noch heute gleichsam für vervehmt gelten. Die übrigen „fahrenden Leute", welche heimatlos als Vaganten das Reich durchzogen, blieben durch das ganze Mittelalter rechtlos, und weil sich natürlich unter ihnen, die längst ein eigentümliches, geheimes Verständigungsmittel im „Rotwelschen" besaßen, eine Menge Gauner fanden, so stand die bürgerliche Gesellschaft nicht an, grausame Verfolgungen gegen sie durchzuführen. Die Heimat=losen, zu denen sich seit 1417 die Zigeuner gesellten, haben sich in den stetsfort umherziehenden Kesselflickern in Süd=deutschland und in der Schweiz bis auf unsere Tage erhalten.

Eigentlich rechtlos waren die Juden in Deutschland niemals. Sehr häufig wird ihrer sogar in ehrender Form gedacht, da sie in der That große Gelehrte in ihren Reihen zählten und besonders die Heilkunst von ihnen geübt wurde. Ihr Reichtum, den sie durch erlaubten Wucher erwarben und der religiöse Eifer im Zeitalter der Kreuzzüge erzeugten jene großen Verfolgungen, welche besonders in den oberrheinischen Städten, ihren Hauptwohnsitzen, geübt wurden. Schon damals tauchte die Fabel des durch ihr Bekenntnis geforderten Menschenopfers auf, das die Juden zur Passahzeit brächten, und als um die Mitte des vierzehnten Jahrhunderts der

„schwarze Tod" ganz Europa verheerte, beschuldigte der Pöbel
die Juden der Brunnenvergiftung. Im folgenden Jahrhundert
schwanden die Ausschreitungen gegen das auserwählte Volk,
das unter beträchtlichen Geldopfern den Schutz des Königs
unter der grotesken Bezeichnung „kaiserliche Kammerknechte"
genoß. Selbst die entehrende Tracht, welche sie seit dem
elften Jahrhundert gleich Dirnen und Schindern tragen
mußten, verschwand nach und nach. Immer aber wohnten
sie in eigenen Stadtvierteln, den Judengassen (Ghetto), die
zur Nachtzeit nur zum Vorteil der Bewohner abgesperrt
wurden. Nicht selten aus den Städten vertrieben, fand ihre
natürliche Schmiegsamkeit stets wieder eine Zufluchtsstätte
und ängstlich bemühten sie sich, Glauben wie Eigenart frei
von fremden Einflüssen zu bewahren. Die wirkliche Befreiung
der Juden beginnt erst in unserem Jahrhundert und kenn=
zeichnet sich als eine Folge der französischen Revolution.

Zeigen schon die Judenverfolgungen schreckliche
Scenen der Grausamkeit, so ist die Rechtspflege im späteren
Mittelalter nicht minder bemüht gewesen — zwar unbewußt
aber thatsächlich — die Volksmassen zu verrohen. Dem
germanischen Charakter war die Grausamkeit ursprünglich
unbekannt; erst mit dem Eindringen römischer Rechts=
begriffe beginnen die juristischen Schlächtereien, über die wir
heute schaudern. Die Gerichtsfreiheit der Städte
kennzeichneten jene gewaltigen Rolandsstandbilder, welche die
Figur des Kaisers darstellen sollten, ebenso wie der Stab
des Richters an das Reichszepter erinnerte. War zuerst auf
offenem Markte Recht gesprochen worden, so fand dies später
unter dem schützenden Dache der Gerichtslauben statt; eigent=
liche Gerichtshäuser erscheinen im Laufe des fünfzehnten
Jahrhunderts. Dagegen sind die Strafgefängnisse eine

Schöpfung der neueren Zeit. Das Mittelalter benutzte die Türme lediglich zur Aufbewahrung von in Untersuchung befindlichen Personen; denn die Urteile straften den Verbrecher an Gut, Leib und Leben. Bis in das vierzehnte Jahrhundert hinein vollzogen die Richter selbst ihren Spruch. Als dann die Todesstrafe nicht mehr durch einfaches Hängen — daher „Henker" — vollstreckt ward, traten die Nachrichter ihr schreckliches Amt an. Der Galgen, in dem die städtische Bürgerschaft ein sichtbarliches Zeichen ihres reichsunmittelbaren Blutbannes sah, wandelte sich in das Hochgericht um, das man eben aus Stolz auf seinen Besitz, gewöhnlich auf die schönsten Bodenerhebungen vor den Mauern verlegte.

Trotz der häufigen Hinrichtungen, deren grausame Ausführung von Verbrechen abschrecken sollten, waren diese doch weit zahlreicher als heute. Eine Zeit, welche jedem freien Manne geradezu vorschrieb, stets bewaffnet zu sein, die bei Trinkgelagen die größte Unmäßigkeit forderte, ließ das Schwert bald aus der Scheide fahren; waren doch großartige nächtliche Raufereien ganz gewöhnliche Vorkommnisse.

Während Not und Elend die fahrenden Leute zu Raub und Mord verführten, waren es Sittenlosigkeit, Rechtsverachtung und Roheit, welche die Ritterbürtigen als Wegelagerer auf die Straßen trieben. Unter dem städtischen Patriziate herrschten am Ausgange des Mittelalters Prunksucht und Ueppigkeit. Verheiratete angesehene Männer rühmten sich gerne ihrer unehelichen Sprößlinge, die, der Sitte der Zeit entsprechend, durchaus keine Schmälerung ihrer Rechte erfuhren; vornehme Frauen und Jungfrauen zeigten sich auf öffentlichen Tanzvergnügen in einer Kleidung, welche die gewöhnliche, schon anstößige Tracht noch überbot. Nur das rauhere Klima mag es verhindert haben, daß man nicht die berüchtigten Beispiele, welche die Sitten der italienischen Städte und Fürstenhöfe reichlich gaben, in vollem Umfange nachahmte.

Auch über den Verfall des Handwerks begannen bereits um die Wende der neuen Zeit — z. B. durch den Cosmographen Sebastian Münster — Klagen laut zu werden. Die Zünfte, welche ursprünglich nur eine Vereinigung wirklich in ihrem Handwerke ausgebildeter Meister darstellten, verloren sich in engherzigen Bestimmungen, die schließlich tüchtige Fremde von der Erlangung notwendiger Gerechtsamen ausschlossen, dagegen faule Nachkommen von Zunftbürgern damit belohnten, ohne gehörige Gegenleistungen zu fordern. Gewaltsame Bedrückungen der Gesellenfreiheiten kamen dazu, und so finden sich schon im fünfzehnten Jahrhundert Vorläufer unserer heutigen Arbeiterbewegungen, selbst der neuzeitlichen Strikes und Boycotts, während ganz wie im Maschinenzeitalter — ein elendes Proletariat, die Menge der „unehrlichen Leute", zu bedrohlicher Stärke anschwoll.

Da lag eine soziale Umwälzung in der Luft und es blieb der inneren Kraft und Tüchtigkeit des Bürgertums zu danken, daß es diese notwendige Reformation aus sich heraus vollzog. Das Streben der durch das Studium der wahren Antike geläuterten Wissenschaften, sich von der mittelalterlichen Scholastik zu befreien, kam ihm dabei zu Hilfe; die nationale Zersplitterung, welche allen großen Gedanken hindernd in den Weg trat, ließ aber auch dieses Werk nicht vollkommen zustande kommen.

IV.
Reformation und Gegenreformation.

Schriften: K. A. Schaab; Die Geschichte der Erfindung
der Buchdruckerkunst. L. Geiger; Renaissance und Humanismus
in Italien und Deutschland. (In d. Oncken'schen Sammlung.
2. Hauptabt. VIII.) K. Hagen, Deutschlands literarische und
religiöse Verhältnisse im Reformationszeitalter. L. Uhland,
Vorlesungen über die Gesch. d. Deutschen. Dichtkunst im XV.
u. XVI. Jahrh. (Bd. II. f. „Schriften.") M. Kurz; Gesch. d.
Litteratur. II.

––––––––

Nicht nur für Deutschland, sondern überhaupt in der
ganzen gesitteten Welt brach, vom kulturgeschichtlichen Standpunkt aus gesprochen, die neue Zeit an, als der Straßburger
Patrizier Johannes Gensfleisch von Gutenberg zu Mainz,
den ersten gedruckten Bogen unter der Presse hervorzog.

Die neue Erfindung der Buchdruckerkunst trat kaum
ein Dutzend Jahre später, nach der Eroberung von Mainz,
ihren Siegeslauf an, der sie schnell selbst in ferne Gegenden
führte. Ueberall lieferte sie das kräftigste Mittel zur Aufklärung der Massen. Die Bücher, welche bis dahin nur in
einigen wenigen und höchst kostbaren Abschriften erstellt werden konnten, wurden wohlfeil und daher jedermann verhältnismäßig leicht zugänglich. Deutschland aber, das mit
seinen Druckern im Laufe des fünfzehnten Jahrhunderts ganz
Europa versorgte, gewann derart eine unanfechtbare Stellung
im Reiche der Wissenschaften. Besonders Italien, das bis
dahin gewohnt gewesen, die Länder nördlich der Alpen für
geistige Wildnisse und Wüsten zu erachten, mußte bald er-

kennen, wie die neue Kunst ihm die Führung beim Ausbau
der Kultur entriß und sie Deutschland zuwendete.

In Italien waren gerade zwei Jahrhunderte früher die
ersten Verkünder antiker Herrlichkeit aufgetreten. Sie hatten,
gestützt auf ihre Studien der Antike, eine Wiedergeburt, Renaissance, der durch die Barbarei des Mittelalters zerstörten Künste und Wissenschaften bewirkt. Die großen
Humanisten der Apennin-Halbinsel erzogen sich Schüler in
Deutschland, welche bald in Hinsicht auf wirkliche Gelehrsamkeit die Meister überflügelten. Während aber in Italien die
Dichter, wie die Künstler die großmütigste Unterstützung und
Förderung ihrer Werke bei den Mächtigen fanden, suchten die
Deutschen vergebens den Schutz ihrer Fürsten zu gewinnen.

Wiederum sind es die Bürger gewesen, aus deren Kreisen
der neue Aufschwung hervorging, deren Söhne dem Humanismus eine Stätte bereiteten zwischen dem Rhein und der
Weichsel, der Donau und dem Meer.

Die mittelalterliche Wissenschaft, kurz die Scholastik
genannt, nahm einzig auf die Theologie Rücksicht. Mit den
lächerlichsten Spitzfindigkeiten wurden Lehren aufgestellt und
verteidigt, welche jedem wahrhaft religiösen Gefühl zuwider
liefen. Dagegen hatten sich die Mystiker erhoben, doch ver-
wechselten sie den Kampf gegen die entartete Geistlichkeit nicht
selten mit dem finstern Streben, alles bereits Errungene
wieder zu vernichten. Diese Art von Kirchenverbesserung
übersetzten die grausamen Scharen der Hussiten in die That.
Andererseits bereiteten die späteren Mystiker den Boden vor,
in welchem der Humanismus feste Wurzeln schlagen konnte.
Sie gründeten nämlich Schulen, die allen scholastischen Wust
zu verbannen suchten und vor allem die wahre Gelehrten-
sprache, das klassische Latein, in ursprünglicher Reinheit lehrten.

Der Urfprung folcher Beftrebungen ift in den Nieder=
landen zu fuchen, die damals noch völlig zum Reiche ge=
hörten. Geert Grote aus Deventer (1340—1384) ftiftete
die fromme Vereinigung der „Brüder des gemeinfamen
Lebens", welche, im Gegenfatze zu der die Wiffenfchaften
wenig pflegenden Geiftlichkeit, die klaffifchen Studien eifrig
beförderte. Die Mitglieder diefer Gefellfchaft errichteten überall,
wohin fie kamen, Lateinfchulen, in denen nicht felten auch
das Griechifche getrieben wurde. Im Hinblick auf die Un=
ficherheit, welche auf dem menfchenleeren platten Lande herrfchte,
verftand es fich von felbft, daß die Städte Sitze und Träger
der neu erwachenden Gelehrfamkeit fein mußten. Allgemein
verbreitet fanden fich die Lateinfchulen in der zweiten Hälfte
des fünfzehnten Jahrhunderts. Die Buchdruckkunft ermöglichte
es ihnen, Lehrbücher aller Art in genügender Anzahl zu ge=
winnen. Der mächtig aufblühende Humanismus lieferte dazu
die unterweifenden Meifter.

Die Lehrbücher, welche bis dahin gebraucht worden, kenn=
zeichnen fich als gedankenlofe, fchlecht geordnete Zufammen=
ftellungen aller möglichen Formeln und Sätze. Die Gram=
matiken gaben fich mehr als ein Hilfsbuch für Lehrer und
konnten keineswegs dem Schüler die notwendige felbftändige
Anleitung zu feinen Studien fchaffen. Die Wörterbücher ver=
rieten die Unwiffenheit ihrer Urheber auf jeder Zeile. Andere
Wiffenfchaften durften zudem nicht einmal in den niederen
Schulen getrieben werden.

Das vornehmfte Zuchtmittel des Schulmeifters war der
Stock. Es galt für fehr nützlich, die Knaben auch dann
halb tot zu prügeln, wenn fie fich nichts hatten zu Schulden
kommen laffen; „denn fie mußten gedemütigt werden". Frei=
lich wurden die Schüler unter folchen Umftänden gar häufig

vollkommen verwilderte Gesellen. Ihre Unthaten gaben hin
und wieder Gelegenheit zu ernstlichem Einschreiten der Be=
hörden, die dann übrigens auch die fehlbaren Schulmeister
straften.

Alle diese Uebelstände zu heben, bemühten sich in Wort,
Schrift und That die erleuchtetsten Humanisten. Sie schrie=
ben Grammatiken und sonstige Anleitungen, verbesserten die
Schulordnung, wie die Schulzucht und verschmähten es nicht,
selbst als Lehrer aufzutreten.

Sonderbarer Weise verhielten sich die Hochschulen be=
harrlich abwehrend gegenüber den Bestrebungen, eine neue
geistige Richtung zu pflanzen. Zwischen der Mitte des vier=
zehnten Jahrhunderts und dem Beginne der kirchlichen Spal=
tung (Reformation) wurden in Deutschland nicht weniger als
fünfzehn Universitäten errichtet.*) Die ältesten von ihnen
bauten sich auf kirchlichen Stiftungen auf; erst später setzten viele
Städte ihren Stolz darein, solche Anstalten zu erwerben und
zu unterhalten. Maximilian I. (1493—1519), der selbst über
eine wissenschaftliche Bildung verfügte, erließ an die Kurfürsten
die dringende Mahnung, in ihren Ländern Universitäten zu
begründen. „Also erst mit dem Wachsen der Selbständigkeit
unter den Weltlichen beginnt die äußere und innere Befreiung
der Universitäten von der Kirche." Bis dahin bedurfte jede
derartige Stiftung der päpstlichen Bestätigung in Form einer
mit Gold überreichlich aufgewogenen Bulle.

Unter solchen Umständen gewann natürlich die Kirche den
größten Einfluß auf die Hochschulen. In älterer Zeit war

---

*) Nämlich: Prag 1347/48, Wien 1365, Heidelberg 1385/6, Köln 1388,
Erfurt 1392, Leipzig 1409, Rostock 1409, Greifswald 1456, Freiburg i. B. und
Basel 1460, Ingolstadt 1472, Mainz und Tübingen 1476, Wittenberg 1502,
Frankfurt a. O., 1506. — Die 1527 entstandene hessische Landesuniversität Mar=
burg verdankte ihre Gründung geradezu der Reformation.

die Sorbonne zu Paris, die vornehmste Pflegestätte der
mittelalterlichen Scholastik, das Vorbild der deutschen Uni=
versitäten gewesen. Seitdem jedoch Basel durch den Papst
Pius II. bestätigt worden, machte sich die italienische Richtung
in gewisser Hinsicht geltend. Trotzdem blieb im allgemeinen
das alte Lehrgebäude unangetastet, dessen Grundsteine die
scholastische Theologie, das justinianische und canonische Rechts=
buch und die christlich=aristotelische Philosophie bildeten. Die
Medizin fußte auf den Lehren Galens, die Naturwissenschaften,
welche man unter dem Namen Physik zusammenfaßte, ver=
harrten aber beim dunkelsten Aberglauben.

Die geschlossenen Körperschaften der Universitäten wider=
standen den Humanisten, weil jeder einzelne Professor fürchten
mußte, ein Opfer des beginnenden Kampfes zu werden. Die
Humanisten dagegen fanden es bei weitem bequemer in „gelehrten
Gesellschaften", also freien Vereinigungen einen neuen Weg
einzuschlagen. Bezeichnend genug ist es für ihre Stellung zu
den Universitäten, daß sie die Grade und Titel derselben nicht
selten mit Verachtung straften.

Jede Universität baute ihre Ordnung auf ein sonderbares
Gemisch von monarchischen und demokratischen Formen, Vor=
schriften und Gesetzen.

Der Kanzler bildete das Haupt und den Vertreter der
päpstlichen Gewalt. Die Studien leiteten die Rektoren, die
Verwaltung der Fakultäten blieb deren ältesten Lehrern, den
Dekanen. Die Lehrer, gewöhnlich geistlichen Standes, mußten
von ihren Amtsbrüdern aus der Schaar der Baccalaurei) d. h.
die mit dem Oelzweige Bekränzten), Licenciaten (d. h. die zum
Lehramt Zugelassenen), Magister (Meister, Vorsteher) und Dok=
toren (Lehrer) gewählt werden. Die Professoren lebten mit ihren
Schülern zusammen, von deren Geldern sie gewöhnlich voll=

kommen abhängig waren, in den der Hochschule gehörenden
Häusern, welche als „Bursen" bezeichnet, das Stammwort
für den fröhlichen Bursch lieferten.

Die Studierenden entschädigten sich für den Fleiß, welchen
die Magister von ihnen forderten, und für die mehr als ein=
fache Kost, die der Bursentisch gewährte, durch ausgelassene
Gassenstreiche und gewaltige Trinkgelage.

Sehr jung, fast noch im Kindesalter, meist zwischen dem
zwölften und fünfzehnten Lebensjahre bezog man die Hoch=
schule. Immerhin waren auch gereifte Männer auf den Bänken
der Hörsäle keine seltenen Erscheinungen; dagegen galt es
als unerhört, wenn ein Verheirateter nach akademischen Würden
strebte. Daß die Universitäten damals wirklich so viele Stu=
dierende gezählt hätten, wie dies häufig angegeben wird, er=
weist sich nicht aus den sorgfältig geschehenen Einschreibungen
(Immatrikulationen), welche zum größten Teile erhalten ge=
blieben sind. Ueber ein halbes Tausend Besucher zählten nur
die wenigsten Hochschulen.

Von den Fakultäten erfuhren die juristische und die ar=
tistische den meisten Zuspruch. Letztere darf etwa mit den
heutigen Gymnasien verglichen werden. Ihr Besuch dauerte
wenigstens drei Jahre, dann konnte der Baccalaureus zum
eigentlichen Fachstudium übergehen. Die Reihenfolge der Fa=
kultäten hat sich bis zur Stunde erhalten, während aber da=
mals, bei dem geringen Bedürfnisse nach Aerzten nur wenige
Jünglinge die Heilkunde zu erfassen strebten, bilden jetzt die
Mediziner überall die stärksten Studentenscharen.

Nach drei bis vier Jahren stieg der Baccalaureus zum
Licentiaten oder Magister auf; den Doktortitel errangen nur
die wenigsten von ihnen.

Eine eigentümliche Erscheinung im Leben der Studierenden

bildete ihre großartige Wanderluft, welche nur schwer durch
den Wiffenstrieb oder drückende Armut erklärt werden kann.
Die „fahrenden Schüler" zerfielen in zwei Klaffen, die er=
wachsenen „Bacchanten" (Studenten) und die jungen „Schützen"
(Schüler). Letztere sollten eigentlich von den Bacchanten zur
Universität geleitet werden, doch gingen sie nicht selten in dem
rohen Leben und unter den Mißhandlungen zu Grunde, welche
sie von ihren unumschränkten Herren erfuhren. Die Lebens=
beschreibung des wackeren Thomas Plater, welcher nachmals
(seit 1541) als Vorsteher der basler Lateinschule wirkte, zeigt
diese Zustände im grellsten Lichte.

Da die Wiffenschaft um die Wende des fünfzehnten Jahr=
hunderts ihre Jünger nur in den seltensten Fällen ernährte, so
mußten die Studenten und Profefforen das Leben durch mancher
lei Nebenbeschäftigungen gewinnen. Der eben erwähnte Plater
trieb lange das Seilerhandwerk und hielt zu gleicher Zeit Vor=
lesungen über die hebräische Sprache. Dann versuchte er
sich auch als Buchdrucker, wie denn diese Kunst den Gelehrten
ganz natürlich vielen Verdienft zuwendete.

Es war ja das vornehmste Streben der Humanisten die
Schätze der längst verfunkenen Geisteswelten nicht nur zu
heben, sondern sie auch durch den Buchdruck den weiteften
Kreisen zu vermitteln. Die Jünger Gutenbergs, welche diese
Arbeiten übernahmen, mußten der lateinischen, griechischen und
hebräischen Sprache mächtig sein. Viele unter ihnen — man
erinnere sich nur an die Basler Meister — dürfen geradezu
als Gelehrte gerühmt werden.

Der Humanismus aber hatte auch seine Nachteile. Seine
Gedanken wurzelten im Altertum, seine Sprache war das
Latein, deffen Wertschätzung so weit stieg, daß die meisten Ge=
lehrten jener Zeit ihre ehrlichen deutschen Namen in oft höchst

lächerliche klassische Uebertragungen verkehrten. Johannes Reuchlin oder Kapnion, der Pforzheimer (1455—1522) schrieb nur
nebensächliche Dinge in seiner Muttersprache, Desiderius Erasmus von Rotterdam (1467—1536) verachtete jedes Vaterland.
Und wie diese beiden Hauptgestalten in der neuen Richtung,
so handelten — mit wenigen, nur schüchtern hervortretenden
Ausnahmen — die übrigen Humanisten des fünfzehnten Jahrhunderts.

Ulrich von Hutten (1488—1523) besaß zwar die
ganze humanistische Bildung seiner Zeit, aber er benutzte sie,
um seinem Lande als ein treuer Kämpfer „redlich und ohne
Prunk", für Wahrheit und Freiheit zu dienen. So muß er
als der erste Vertreter der neuen Gedanken gelten, die schließlich in der Reformation gipfelten. Die ältesten Humanisten
hatten in der Kirche den größten Trost und vornehmsten Geist
zu finden getrachtet; ängstlich vermieden sie es Nutzanwen-
dungen auf das wirkliche Leben aus ihren Studien zu ziehen.
Viele von ihnen sind zudem Priester gewesen, um der Weltlichkeit überhaupt zu entfliehen. Dann kam die Zeit des
wissenschaftlichen Humanismus. Die Forschung, nicht nur
auf dem Gebiete der drei Sprachen, sondern auch in den allgemeinen neuen Erscheinungen und Entdeckungen, trat in ihr
Recht. Unklar wurde auch der Gedanke erfaßt, daß Deutschland der geistige Mittelpunkt der gesamten westlichen Kultur
sei, daß es anderen Völkern an innerer Tüchtigkeit überlegen
wäre. Dagegen lehnten die Gelehrten es ab, sich mit kirchlichen Fragen eingehender zu beschäftigen, oder gar die Geistlichkeit selbst anzugreifen.

Diese empfand jedoch nur zu gut die Gefahr, welche ihr
drohte, wenn geläuterte Wissenschaften dem großen Volke zugänglich würden. Der Streit der kölner Dunkelmänner mit

Reuchlin drängte den geſamten Humanismus zu einem Kampfe
mit der Kirche. Er wurde freilich vorerſt zaghaft genug
begonnen. Man verfaßte Spottſchriften, von denen die
„Epistolae obscurorum virorum" die wichtigſten
ſind, und Erasmus bereitete in ſeinen Arbeiten über das
neue Teſtament und die Kirchenväter das philologiſche Rüſtzeug
für die Reformatoren vor.

Das pöbelhafte Beginnen der kirchlichen Eiferer öffnete
den Gelehrten endlich die Augen über die gewaltige Verderbt=
heit, in welche die geſamte Geiſtlichkeit längſt verſunken war.
Die alten Humaniſten jedoch waren nicht mehr im Stande,
der weiteren Entwickelung der Dinge zu folgen. Sie mußten
ſeitab ſtehen, als die friſche Jugend, Hutten voran, den Un=
willen des ganzen Volkes gegen ſeine Prieſter durch Wort
und Schrift ſchürte. Die endliche Entſcheidung aber ſollte
eben beim Volke ſelbſt liegen, das allein kräftig genug war,
ſie zu erzwingen.

Unterdeſſen trat auch der Staat in einen entſchiedenen
Gegenſatz zur päpſtlichen Gewalt. Auf den ſchwachen Fried=
rich III. (1440—1493) folgte der ritterliche, echt deutſch ge=
ſinnte Maximilian I. (1493—1519). Redlich bemüht, Recht
und Ordnung im ganzen Reiche zu ſchaffen, erreichte er
bei der heilloſen Zerrüttung aller Verhältniſſe ſchließlich doch nur
geringe Erfolge. Kaiſer Max beſaß hohen Sinn und Ver=
ſtand für alles Edle und Schöne. So begeiſterte er ſich für
die Wiedererweckung des mittelalterlichen höfiſchen Lebens, um
am Ende zu erkennen, daß auch hierin ſeine Bemühungen
vergeblich geweſen ſeien. Die Fürſten im Reiche ließen ſich
lieber durch Hofnarren als durch Dichter und Sänger er=
götzen, der vollkommen verwilderte Adel ſuchte ſeine Unter=
haltung bei Trunk, Schlemmerei und Spiel. Dieſe edlen

Herren pflegten sich als „Stegreifritter" vom Sattel zu nähren, mit anderen Worten: sie plünderten die Gebiete ihrer Nachbarn und raubten die Handelszüge auf den Landstraßen aus. Die kaiserliche Macht, welche stetsfort mit Geldnot kämpfte, mußte solchen Unthaten gewöhnlich machtlos zusehen. Einzelne Landes= herren dagegen, so vor allem die Hohenzollern in der Mark und die reicheren großen Städte bemühten sich wacker, die Raubburgen zu brechen, um dem Landfrieden gehörige Nachach= tung zu verschaffen.

Die Städte standen in dieser Zeit, am Beginne des sechzehnten Jahrhunderts, in ihrer höchsten Blüte. In Mainz war die Buchdruckerkunst entstanden, dort lebte als Erzbischof= Kurfürst der weise Albrecht (1480—1545). Zwar, sein Glaubensbekenntnis darf wohl als heidnisch=humanistisch be= zeichnet werden und für das deutsche Vaterland hegte er keine Gefühle. Trotzdem, oder vielmehr gerade deswegen, beschützte er die Gelehrten. In Straßburg, das als „die schönste von den deutschen Städten, als ein Hort und eine Zier des Vater= landes" bezeichnet ward, entwickelte sich zuerst der national= humanistische Gedanke. In Augsburg wirkte Konrad Peutinger (1465—1547), der in Deutschland die geschichtliche Forschung begründete, während die gewaltigen Handelshäuser der Welser und der Fugger mit der ganzen bekannten neuen und alten Welt in geschäftlichen Beziehungen standen. Aus Augsburg stammte ferner Hans Holbein (1497—1543), der später in Basel lebte und durch des Erasmus Empfehlung nach London gelangte, hier der deutschen Kunst zur größten Anerkennung verhelfend. In Nürnberg fand die weltliche Bildung ihren Mittelpunkt. Johannes Königsberg (Regiomontanus) begründete dort die Grundzüge einer wissenschaftlichen Sternkunde. Willi= bald Pirckheimer (1470—1528) beschrieb den Krieg Maximilians

gegen die Schweizer (1499). Albrecht Dürer (1471—1528),
dem Maler, fehlten einzig die Luft und die Freiheit Italiens,
um alle die Künstler dort zu übertreffen. Ein vollkommener
Deutscher, erkannte er, daß das Höchste in der Kunst durch
Wahrheit und Einfachheit, durch gänzliches Aufgehen in der
Natur selbst, erreicht werde.

Kunst, Gewerbe und Handel wurzelten in den Städten.
Der Reichtum der Bürger, ihre wachsenden Bedürfnisse
beförderten auf dem natürlichsten Wege nützliche Erfin=
dungen, wie die Ausbreitung des Handwerks. In Nürn=
berg erstellte Peter Hele die erste Taschenuhr. Durch das
ganze Jahrhundert zog sich das Streben, auf allen Gebieten
fort zu schreiten und vor allem das Leben bequemer zu ge=
stalten. Von Italien her empfing dazu der deutsche Süden
die erste Anregung. Während es jenseits der Alpen die ver=
schiedenen Fürsten neben der venetianischen Signoria waren,
welche die Künstler mit Aufträgen bedachten, begünstigten in
Deutschland die Bürger das freie Gewerbe. Nichts war zu
kostbar für solche Familien wie die Fugger, oder die Welser in
Augsburg, die Overstolze in Köln. Das übrige Patriziat
folgte ihnen gerne auf solchen Bahnen, wenngleich das wirk=
liche Vermögen darunter litt.

Unsere Zeit staunt über die Pracht, die Formenfülle,
welche die deutsche Renaissance so verschwenderisch
jedem, selbst dem unwichtigsten häuslichen Geräte zuteilte.
Es lag im Wesen der Zeit, mit dem Besitze zu prunken;
denn vorüber schienen die Tage, da der Bürger den größten
Teil des Erwerbes der Sicherheit des Gemeinwesens widmen
mußte.

Das üppige Leben in den großen Städten des
schwäbischen und fränkischen Kreises stach schon bedeutend ab

gegen die Aermlichkeit der im Norden des Reiches liegenden
Wohnorte und noch viel mehr gegen das thatſächliche Elend
der bäuriſchen Bevölkerung. Der Geſelle in Augsburg trug
an den Feſttagen beſſere Kleider als der wohlhabende Bürger in
Sachſen und in der Mark. Der Bauer hüllte ſich aber vollends
nur in Lumpen; denn ſelbſt, wenn es ihm gelang, einige Er-
ſparniſſe zu machen, ſo mußte er ſie wohl hüten vor den
räuberiſchen Griffen ſeiner Herren.

Als Luther ſeine Kampfſätze wider den Ablaßhandel an
die Thüre der Wittenberger Schloßkirche anſchlug, glaubte er
den Streit auf dem Wege gelehrter Geſpräche löſen zu können.
Alle Stände des Volkes aber ſchienen nur auf ein Zeichen
gewartet zu haben, ihre Feſſeln zu brechen. Die Fürſten
ſuchten ſich der kaiſerlichen Oberhoheit zu entziehen, die Adligen der fürſtlichen Bevormundung ledig zu werden. Der
Bürger wollte keine Steuern mehr an die Kirche leiſten,
welche ihm längſt verächtlich geworden. Die Bauern endlich
ſahen in der neuen Lehre die Möglichkeit, ein menſchenwürdiges
Daſein zu gewinnen und in dem nur zu ſchnell ängſtlich
inne haltenden Reformator ihren Heiland.

Der Geheimbund vom Bauernſchuh, „Bundſchuh“,
hatte längſt zuvor (ſeit 1493) beſtanden, jetzt erhob er offen
die Fahne der Empörung und erließ ſeine zwölf Forderungen,
von denen die wichtigſte nach Aufhebung der Leibeigenſchaft
ſtrebte. Eine ſeltene ſtaatsmänniſche Einſicht leuchtete aus
dem zu Heilbronn von den Bauern aufgeſtellten Reichsver-
faſſungsentwurfe. Doch, der „arme Mann“ hatte die Macht
der verbündeten Fürſten und Städte unterſchätzt. Sein Elend
ſteigerte ſich von jetzt ab zwar nicht mehr; denn es konnte
nicht größer werden; doch büßten die Bauern nach dem
blutigen Niederwerfen der Aufſtände jede freie Willens-

äußerung ein; sie empfanden seitdem die Bedrückungen als ein unabwendbares Schicksal.

Dagegen zeitigte die Reformation ihre schönste Frucht durch die von Luther in seiner Bibelübersetzung angewendete **neuhochdeutsche Sprache**, welche Dichtern und Schriftstellern es ermöglichte, allgemein verständlich zum Volke zu reden. In der That nahm die Litteratur sogleich einen neuen Aufschwung. Die kunstmäßige Dichtung, die, je länger je mehr, zum Versgeklingel der Meistersinger geworden, verlor sich freilich. Dagegen entstand, wiederum durch Luther, das deutsche Kirchenlied und bei der wachsenden Selbständigkeit städtischer Volkskreise eine Fülle von Volksliedern.*)

Die Gelehrten, welche bislang römische und hellenische Schauspiele übersetzten und selbst lateinische Schulkomödien verfaßten, bearbeiteten im protestantischen Sinne biblische Stoffe zu öffentlichen Aufführungen. Das „geistliche Spiel" der früheren Zeit artete in höchst weltliche und gewöhnlich sehr zotenhafte Fastnachtsspiele aus, welche sich besonderer Beliebtheit in Nürnberg und im Elsaß erfreuten. Zu Nürnberg und Augsburg erbauten die Meistersinger in der zweiten Hälfte des Jahrhunderts sogar eigene Schauspielhäuser.

Von der Prosa zogen besonders die **Volksbücher** großen Vorteil, zu denen Sammlungen von Erzählungen, Schwänken und Sagen, selbst Romane traten. Die Vorliebe des Zeitalters für geschichtliche Berichterstattungen zeigt sich in den nach und nach auftauchenden Chroniken von Ländern und Städten, sowie wirklichen Darstellungen allgemein historischen Charakters. Die großen Entdeckungen der seefahrenden Völker wurden den Deutschen durch reichhaltige

---

*) Vgl. Sammlung Göschen Nr. 25 Kirchenlied und Volkslied.

Reise= und Weltbeschreibungen (Seb. Münsters Cosmographie, Basel 1553) vermittelt. Der Name Amerika ist auf solche Weise durch den deutschen Buchdrucker und Gelehrten Wald=seemüller überhaupt in allgemeine Aufnahme gekommen, da dieser den Florentiner Reisenden Amerigo Vespucci, der eine Beschreibung dieser Gegenden lieferte, mit den wahren Ent=deckern des neuen Weltteils verwechselte.

Ueber die Ereignisse der großen Zeit selbst berichteten unzählige, meist mit rohen Abbildungen versehene Flugblätter, die „Zeitungen". Der Druck so vieler und mannigfaltiger Werke schuf einen neuen Erwerbsstand, der bald zu den geachtetsten Handlungsvertretern zählte. Während nämlich zunächst die Buchdrucker den Verlag geistiger Erzeugnisse un=ternahmen, besorgten die „Buchführer" (Buchhändler) den Ver=trieb im Kleinen und durch das ganze Reich. Später trennte sich der Buchhandel völlig vom Druckergewerbe; die Ver=leger aber benutzten nach wie vor den einmal eingeschlagenen Weg, ihre Sachen den Buchführern zu weiterem Verkaufe zu übertragen.

Die Zeitungen erschienen gegen Ende des Jahrhun=derts schon in fortlaufenden, vierteljährlichen und selbst monatlichen Nummern. Im Beginne des Zeitalters des großen Krieges (1609) kam zu Straßburg i. E. eine Wochen=zeitung heraus, welche schnell Nachahmung in den größeren Städten z. B. in Frankfurt a. M. (Journal) und in Magde=burg (Zeitung) fand. Es war ganz natürlich, daß der Handelsstand solche Unternehmungen begünstigte, um verhält=nismäßig rasch und ausführlich über wichtige Ereignisse Kunde zu erhalten.

Während des dreißigjährigen Krieges erhielt das Lese=bedürfnis reichlichste Nahrung durch eine Unmasse von Flug=

blättern. Diese Art Volkslitteratur verschwand aber wieder, als
die regelmäßig erscheinenden Blätter mehr und mehr in Auf=
nahme kamen und auch die Obrigkeiten der Veröffentlichung von
Nachrichten die schärfste Aufmerksamkeit zuwendeten.

Die großen Fragen, welche die Reformation plötzlich
zur Reife gebracht, forderten zu ihrer Lösung die Beteiligung
des deutschen Volkes in seiner Gesamtheit. Das erkannten
die Schriftsteller, und in ihren Kreisen regte sich seit Ulrich
von Hutten das Bemühen, volkstümlich zu reden. Hutten
selbst ist freilich des Deutschen viel zu wenig mächtig gewesen,
um dieses als Waffe in seinem Kampfe wider das Papsttum
und die Fürsten zu nutzen. Luther, der kaum als Humanist
betrachtet werden kann, der aber dem „Volke aufs Maul
schaute" und „Hofwörter" nicht gebrauchen wollte, entbehrte
des besten Mittels nicht, das er für seine gewaltige Thätigkeit
verwenden mochte. Darin stand ihm Zwingli zwar keineswegs nach, aber sein Deutsch konnte doch nur von einem
allemannischen Ohre verstanden werden. Die Sprachver=
schiedenheit zwischen dem Schweizer und dem Sachsen hat
gewiß nicht wenig zu der Erfolglosigkeit ihrer Zusammen=
kunft in Marburg (1529) beigetragen. Umsomehr muß die
Nachwelt Luther dankbar sein, daß er den Deutschen ein
wirkliches Verständigungsmittel schuf.

Die heutige Zeit ist wohl geneigt, über die dichterischen
Erzeugnisse des sechzehnten Jahrhunderts mitleidig die Achseln
zu zucken. Die Meistersingerei bleibt uns freilich
unverständlich, wenn wir sie nicht als das auffassen, was sie
war, ein geistiger Zeitvertreib wackerer Handwerker. Ganz
begreiflich ist es, daß sie den Zunftzwang auf ihre Ge=
sellschaften, die Handwerksgebräuche auf ihre Dichtungen
einwirken ließen.

Als der vornehmste Vertreter dieser Kreise muß uns der Schneiderssohn Hans Sachs*) in Nürnberg (1494—1576) gelten, der nach einem mißglückten Versuch, Gelehrter zu werden, das ehrsame Schusterhandwerk in der Vaterstadt betrieb. Seine Fruchtbarkeit auf dichterischem Gebiete ist mehr als staunenswert gewesen; er verfaßte an 7000 Gesänge, Lieder, Gespräche, Fabeln, Schwänke und Stücke. Von großer Welt- und Menschenkenntnis, doch ohne tiefere Bildung, allzeit ein fröhlicher, schalkhafter Gesell, schrieb Hans Sachs klar und anschaulich vom Volke und für seine Mitbürger. Er erfaßte die bereits stark abgeschwächten Gedanken der Reformation vom nüchternen, alltäglichen Standpunkt. In seinem langen Leben mochte er wohl zu der Einsicht gelangt sein, daß der neue Glaube nicht mehr zu vernichten, aber auch nicht weiter auszubreiten sei.

Darin stand ihm der Straßburger Johann Fischart (1550—1589), welcher als Rechtsgelehrter an vielen Orten thätig war, gerade gegenüber. Auf großen Reisen hatte er das Wirken der Gegenreformation gründlich kennen gelernt, und da in ihm ein gut Teil Huttenscher Natur lag, so griff er für die Sache, die ihm am Herzen lag, kampffreudig zur Feder. Der Jesuitenorden hat niemals wieder einen grimmigeren Gegner gefunden als Fischart. Das sechzehnte Jahrhundert kennt keinen größeren Prosaiker als diesen bitteren Spötter, in dessen Schriften die bedrückte Volksseele weint, die Fröhlichkeit des reformierten Bürgertums ihr kräftiges Lachen erschallen läßt. Der Witz Fischarts vernichtete, ob er nun Maistre Rabelays Schriften übersetzte, oder einen „Bienenkorb", und ein „vierhörnig Hütlein" schrieb.

---

*) Vgl. Sammlung Göschen Nr. 24, Seb. Brant, Luther, Hans Sachs, Fischart.

Wie Luther, so erfuhr auch Fischart die hohe Gnade, von dieser Welt abzuscheiden, ehe der Sieg der Gegenreformation begründet war. Das hauptsächlichste reformatorische Wirken aber liegt zwischen dem Todesjahre des Reformators und dem des großen Schriftstellers.

Die Reformation ging in ihren Endzwecken verloren durch die staatsmännische Unreife der damaligen deutschen Fürsten. Während der katholische Gegner nach dem Reichstage von Augsburg seine Reihen schloß, entbehrten die Protestanten der wirklichen Einigkeit. Die Schmalkaldener verpflichteten sich zwar auf dem Papier zu Schutz und Trutz, vernachlässigten aber ihre Rüstungen. In dem Augenblick der Entscheidung, auf der Mühlberger Heide, besaßen sie bei ihren verkehrten Heereseinrichtungen nicht einmal einen anerkannten Oberführer.

Dagegen hatte der Kaiser in den fünfundzwanzig Jahren seiner Herrschaft vollauf Gelegenheit gefunden, sich eine taugliche Kriegswaffe zu schmieden. Die alte Liebhaberei des deutschen Volkes, Abenteuern nachzugehen, fand in den Feldzügen Karls V. gegen Frankreich, vollauf Gelegenheit, sich zum Nutzen der kaiserlichen Macht zu entwickeln.

Seit der Mitte des fünfzehnten Jahrhunderts hatten die schweizerischen Eidgenossen vermöge der völlig neuen Art der Kampf- und Kriegführung, welche sie übten, den höchsten Ruhm in Europa genossen. Nachdem sie (1476/7) den damals mächtigsten Fürsten der Christenheit, Karl den Kühnen, Herzog von Burgund, vernichtet hatten, bewarben sich Herren und Städte um ihre Gunst. Tausende von „Reisläufern" („Reise" gleich Feldzug) traten für gute Bezahlung in fremde Dienste. Das gewonnene Geld aber erzeugte bald einen augenfälligen Sittenverfall in der Schweiz, indes die gewor-

benen Heere sich unzuverlässig zeigten, wenn sie nicht ge=
nügend Sold und Beute erhielten. Der Reformator Zwingli
kannte diesen Krebsschaden am Marke seines Volkes, und so
ging mit der kirchlichen Umwälzung Hand in Hand, das Ver=
bot, in fremden Diensten die Haut zu Markte zu tragen.

Schon um die Wende des fünfzehnten Jahrhunderts trat
der deutsche Landsknecht gegen die Schweizer in Wett=
bewerb. Jener war leichter zu befriedigen, wie diese, aber
lange dauerte es, bis er die nämliche kriegerische Tüchtigkeit
erlangte. Erst seit der Schulung durch den wackeren Georg
Frundsberg und den Schlachten bei Bicocca (1522) und
Pavia (1524), gewannen die Landsknechte das unbestrittene
Uebergewicht. Karl V. aber schweißte diesen Grundstoff mit
seinen glaubenseifrigen, blutdürstigen Spaniern zusammen und
gewann derart das beste Heer seiner Zeit.

Kaiser Max hatte als Grundeinheit des Fußvolkes das
Fähnlein festgesetzt (100 lange Spieße, 200 Halmbarten,
50 Schlachtschwerter, 50 Feuerrohre). Unter Karl V. gewann
besonders die Feuerwaffe ein größeres Uebergewicht. Schon
bei Mühlberg kamen starke Abteilungen von Schützen (Muske=
tieren) zur Verwendung. Der Kaiser ging sogar weiter; in
der nämlichen Schlacht erschienen zum erstenmal berittene
Feuerschützen, die Dragoner. Dazu verfügte er über die
zügellosen aber stets beherzten „schwarzen Reiter“, welche,
ganz in der Art unserer heutigen Kürassiere bewaffnet und
ausgerüstet, nachmals auf den Schlachtfeldern der französischen
Glaubenskriege als „reistres“ das höchste Ansehen erwarben.
Das Geschützwesen, bereits im fünfzehnten Jahrhundert durch
die Einführung der Laffete verbessert, erfuhr unter Karl V.
nur geringe Beachtung, soweit es für den Kampf im Felde
benutzt ward. Dagegen zeigte es sich als gefährlichen Gegner

veralteter Befestigungen. Für diese mußten neue Bauten geschaffen werden — die Erdwälle und die Rundtürme nach italienischer Art — wofür selbst Meister wie Albrecht Dürer es nicht verschmähten, in That und Schrift mitzuwirken.

Der Gegenreformation wurden durch den Augsburger Glaubensfrieden ein guter Teil ihrer im Kriege errungenen Erfolge entzogen. Sie schlug von nun ab einen anderen Weg ein, indem sie den Kampf auf das geistige Gebiet hinüberspielte.

Es war im Jahre 1551, daß der Jesuitenorden in Wien eine Niederlassung gewann, und um 1560 bestanden bereits in den meisten größeren Orten der noch vorwiegend katholischen Gegenden des Reiches Anstalten und Schulen, in denen die Jünger des Ignaz von Loyola wirkten und lehrten. In Bayern, das unter Herzog Albrecht V. nahe daran war, zur protestantischen Glaubenslehre überzugehen, begannen die Jesuiten ihre Massenbekehrungen. An der Hand des für seine Zeit ganz ausgezeichneten Katechismus des Niederländers Canisius (de Hondt) wurde der Jugendunterricht unternommen. Die katholischen Hochschulen, deren vornehmste Ingolstadt war, erhielten jesuitische Professoren, die geistlichen Fürstentümer, in denen große Duldsamkeit bisher gezeigt worden, rotteten alle Keime des reformierten Gedankens aus. Als Gebhard Truchseß, Erzbischof von Köln und Bischof Heinrich von Paderborn und Osnabrück zur Heirat schreiten wollten, mußten sie nach dem Recht auf ihre Gebiete verzichten — Heinrich starb übrigens plötzlich — und diese Länder wurden von Jesuiten mit den Waffen in der Hand besetzt.

Nach dem Tode des duldsamen Maximilian II. (1564 bis 1576) begann die Gegenreformation in den österreichischen Erblanden mit Gewaltmitteln nach ihrem Ziele zu

streben. Erzherzog Ferdinand, der nachmals Kaiser ward
und von dem das schlimme Wort ging, daß er lieber über
eine Wüste, denn über Ketzer herrschen wolle, vertrieb alle
Protestanten und damit die tüchtigsten Einwohner seines Rei=
ches. Die übrigen Kronen der großen habsburgischen Ver=
wandtschaft folgten dem in Steiermark gegebenen Beispiel.
Hunderttausende verloren die alte Heimat und zogen in's Elend;
denn auch die Protestanten gewährten den Unglücklichen nur
dann eine Zufluchtsstätte, wenn sie sich für das in dem be=
treffenden Teile des Reiches geltende besondere Bekenntnis
erklärten.

Je länger je mehr war das Werk der Reformatoren zu
einem widrigen Pfaffengezänke geworden.

Der finstere Geist Calvins that sein Uebriges, nach=
dem Kurfürst Friedrich III. von der Pfalz den „Heidel=
berger Katechismus" und damit die Lehren des „Genfer
protestantischen Papstes" für allein gültig in seinen Landen
erklärt hatte. Der unduldsame Grundsatz, daß der Fürst über
das Glaubensbekenntnis seiner Unterthanen zu bestimmen habe
(cuius regio eius religio) feierte gerade in der Pfalz seine
Triumphe. Zwischen zwanzig Jahren (1563—1583) wurden
drei Glaubenswechsel vollzogen.

Mit der allgemeinen Sittlichkeit stand es unter solchen
Umständen schlimm genug. Höchstens in den Reichsstädten
wurde etwelche Polizei gehalten, sonst kümmerten sich die Be=
hörden mehr um das himmlische, denn um das irdische Heil
der Landeskinder. Selbst vereinzelte Fälle räuberischer Fehden
kamen noch vor; die unter Max II. spielenden Grumbachischen
Händel bieten das hervorragendste Beispiel.

Andererseits hatte Karl V. durch den humanistisch ge=
bildeten Juristen Johann von Schwarzenberg ein einheitliches

Strafgesetzbuch („peinlich gerichtsordnung") entworfen und durch den Reichstag zu Regensburg (1532) einführen lassen. Trotzdem die „Carolina" vielfach an Stelle des grausamen römischen das mildere deutsche Gesetz gelten ließ, folgten doch die Rechtsgelehrten zumeist ihren barbarischen Neigungen. Das Foltern und Hinschlachten „armer Sünder", d. h. besonders der Ketzer, wie der Hexen ward geradezu zur Wissenschaft erhoben, und der entartete Sinn vieler Richter gefiel sich darin, neue, über alle Maßen schreckliche Martern und Quälwerkzeuge zu erfinden. Ja, man muß leider gestehen: Das Deutschland des späteren sechzehnten und des beginnenden siebenzehnten Jahrhunderts ist das gelobte Land der Henker gewesen, und besonders seine Hexenbrände fanden nirgends eine so reichliche Wiederholung.

Mit dem finsteren Aberglauben, welcher sich in den Verfolgungen angeblicher Zauberer deutlich abspiegelt, hielt die damalige Wissenschaft, besser gesagt die großartige Unwissenheit, redlich Schritt. Zwar bestanden gegen Ende des Jahrhunderts in den meisten Dörfern Lateinschulen, was aber auf ihnen gelehrt wurde, wäre besser unterblieben. Hohles, geistloses Eintrichtern von Sprachlehren und Glaubenssätzen, füllte die Zeit aus; die schlimmsten Tage der Scholastik schienen wieder hereinzubrechen.

Die Bevölkerung unbekannter Länder als Fabelwesen hinzustellen, wie dies die Reise- und Weltbücher nach Art der Seb. Münster'schen Cosmographie thaten, hätte sich schließlich noch ertragen lassen. Selbst so gründlich gebildete Gelehrte, wie Konrad Geßner in Zürich, der deutsche Plinius, hielten an derlei Ungeheuerlichkeiten fest.

Die Sterndeuterei beschäftigte alle Welt, ihre Aussprüche mußten bei den unwichtigsten täglichen Beschäfti-

gungen berücksichtigt werden. Gab doch z. B. der Komet
von 1556 den äußeren Anstoß zu dem Wunsche Karls V.,
der Herrschaftssorgen ledig zu sein. Immerhin brachte die
Beschäftigung mit den Gestirnen der Mathematik großen
Nutzen. Wilhelm Holzmann (Xylander) von Augsburg, der
an der Hochschule Heidelberg wirkte, gab (1575) die wertvolle
Uebersetzung der Arithmetik des Griechen Diophantus heraus.
Michael Stiefel aus Eßlingen, sonst ein völlig verworrener
Kopf, erfand der Mathematik die noch heute in der Buch-
stabenrechnung üblichen Zeichen. Georg Joachim Rhäticus
und sein Schüler Otto entwarfen Dreieckstafeln, deren Unter-
stützung dem großen Kepler unentbehrlich wurde.

Die Heilkunst schlug sich, soweit innere Krankheiten
in Frage kamen, noch immer mit mittelalterlichen Ansichten
herum. Theophrastus Paracelsus (1493—1541) spottete aller
Sterndeutereien, warf sich aber destomehr auf die Erfindung
unnützer Arzneimittel. Immerhin gehörte er zu den erleuchtetsten Geistern des Jahrhunderts, und, während die meisten
damaligen Aerzte ihre Wissenschaft im „Wasserbeschauen" und
Aderlassen fanden, stellte er einige richtige Grundsätze über
die Lehre vom Leben auf. Die Kenntnis vom äußern und
innern Bau des Menschen verbreiteten die Schriften des
großen Andreas Vesal, der aus dem wallonischen Belgien
stammend, Leibarzt Karls V. war und einige Zeit als Lehrer
der Zergliederungskunst an der Hochschule Basel wirkte. In
der Wundarzneikunde sind sichtliche Fortschritte zu verzeichnen
gewesen; die großen Feldzüge in Italien trugen nicht wenig
dazu bei, tüchtige „Scheerer" heranzubilden.

Die Alchemie, schon im letzten Drittel des fünfzehnten
Jahrhunderts weit verbreitet, gewann in dieser Zeit noch mehr
Boden. Hervorgegangen aus mystisch-abergläubischen Vorstel-

lungen über die Naturkräfte, wie aus falsch verstandenen Lehr=
sätzen griechischer Weltweiser, trat die Alchemie das Erbe des
Albertus Magnus an. Sie strebte darnach, unedle Metalle
in edle zu verwandeln, den „Stein der Weisen", das größte
Zaubermittel, zu finden, den „Fünftelsaft" (Quintessenz, Le=
benselixir) zu bereiten und den künstlichen Menschen (Homun-
culus) herzustellen. Hand in Hand damit ging die Schwarz=
kunst (Necromantie), in welcher auch Max I. unterwiesen
wurde, und die sich besonders in Geisterbeschwörungen gefiel.
Der Doctor Faust, welcher übrigens wirklich zwischen
1480 und 1540 nach Art des Cagliostro sein Wesen trieb,
ist der volkstümliche Ausdruck für das Bündnis mit dem
Teufel geworden. Denn, an die Persönlichkeit des schwarzen
Höllenfürsten glaubten ja selbst Männer wie Luther und
Fischart. Die Alchemie fand wegen ihrer höchst irdischen
Zwecke oft genug Unterstützung bei den sonst den Wissen=
schaften abholden Mächtigen. Unter ihnen zeichnete sich, jedoch
im besten Sinne, der sonst sparsame Johann Georg (1571
bis 1598), Kurfürst von Brandenburg aus.

Wo das geistige Leben fehlt, jeder höhere Gedanke er=
stickt und die Sicherheit der Person stetsfort durch den Henker
bedroht wird, wendet sich das Trachten und Sinnen der
Menschen körperlichen Genüssen zu. Schon Luther
hatte in seiner derben Sprache gemeint, der deutsche Teufel
müsse „Schlauch" heißen und doch leistete seine Zeit noch
lange nicht das Höchste in der Unmäßigkeit. Wie weit es
mit der Trinkfähigkeit der Deutschen kam, das bezeugen die
Aufzeichnungen des aus Schlesien stammenden Ritters Hans
von Schweinichen (1552—1616). Selbst edle Frauen, wie
die romantisch verklärte Philippine Welser, verstanden Erkleck=
liches im Trinken zu leisten; ihr „Willekumm"=Becher auf

Schloß Ambras hält gegen drei Liter. Begeisterte Schilderer
ihrer Person aber behaupten, der Hals der schönen Augs-
burgerin sei so zart gewesen, daß man den Rotwein habe
durch die Kehle gleiten sehen! Alle Festbeschreibungen jener
Tage sind mit den Aufzählungen angefüllt, wie viel die Gäste
verschlemmt hatten. Da die Lebensmittel infolge der Hörigkeit der Bauern sehr billig waren und der Weinbau vor dem
dreißigjährigen Kriege überall in Deutschland, selbst in der
Mark Brandenburg betrieben ward, so fehlte es freilich nicht
an Stoff.

Dennoch hat das Wirtshauswesen im Beginne des
XVI. Jahrhunderts nur geringe Ausbildung erfahren, obwohl die
Wirte, denen nicht selten Vorteile vom Reiche selbst zur
Seite standen, eine geachtete bürgerliche Stellung einnahmen.
Erasmus schildert uns in seiner sauersüßen Weise und mit
bitterem Spotte, wie wenig einladend das Gasthausleben zu
seiner Zeit war. Erst als das Reisen mehr und mehr in
Aufschwung kam, in der zweiten Hälfte des Jahrhunderts,
verbesserten sich auch die öffentlichen Wirtschaften, zu denen
nun die bisher ängstlich abgeschlossenen Zunftstuben traten.
Daß die bürgerlichen Zechereien durch behördliche Vorschriften
(Polizeistunde) eingeschränkt wurden, lag in ihrer Art wohl
begründet. Hatten diese doch fortwährend Szenen der widrigsten
Unzucht und der heillosesten Friedensstörnng im Gefolge.
Uebrigens fanden die „schönen Fräulein“ wie die Raufbolde
besonders in den protestantischen Reichsstädten die schärfste
Verfolgung.

Die Geistlichkeit suchte ferner die Auswüchse in der
Tracht zu beschneiden. Hatten einst plündernde Landsknechte
das geraubte Tuch in Form von Pluderhosen so lange auf
dem Leibe getragen, bis sie es verwerten mochten — jetzt

wurde diese erzwungene Unbequemlichkeit Mode. Erschienen die heimkehrenden Krieger früher in zerschlissenen Kleidern, so zeigte sich der Bürger nun in unanständiger Entblößung und mit künstlich geschlitzten Wämsern. Das brandenburgische lutherische Kirchenoberhaupt Andreas Mänslein (Musculus) eiferte, jedoch umsonst, in Schrift und Wort gegen den „Hosen=, Tanz=, Sauf=, Spiel=, Läster=, Lügen=, Hoffahrts=, Neid=, Sorgen= und Dirnen=Teufel." Ließ auch Kurfürst Joachim II. (1535—1571) auf Betreiben des frommen Mannes üppigen Berlinern die Hosen öffentlich von den Beinen schälen, die Mode blieb, bis Ludwig XIV. ihr andere Grundsätze gab. Die deutschen Frauen richteten schon um die Mitte des sech= zehnten Jahrhunderts ihr Auge auf die am Pariser Hofe be= liebte Tracht. Man zeigte die Umrisse der Büste in durch= sichtiger Verhüllung oder quälte sich mit dem häßlichen Mühlsteinkragen. Die Anmut der Körperformen wurde nicht gehoben durch den weitbauschigen Rock; dagegen mögen Barett und Federhütchen, spanische Kappe und Maria=Stuart=Haube ein niedliches Köpfchen wohl geziert haben.

Die Ausschreitungen der Mode stimmen überein mit dem Verfall der Kunst, welcher erst langsam, dann immer schneller vorschreitend, zu Beginn des dreißigjährigen Krieges vollends klar vor aller Augen stand.

Die großartige Blüte der Bildhauerei in Deutsch= land, deren vornehmste Vertreter die Nürnberger Adam Krafft (1450—1507), Veit Stoß (?—1533) und die Vischer, vor allem Peter Vischer (1455—1529) waren, sie überdauerte die Glaubensspaltung nicht. Die Reformation kannte keine Madonnen, Heilige und andere „Götzenbilder"; die durch die tridentinische Kirchenversammlung (1545—1563) einge=

leitete Gegenbewegung hatte anderes zu thun, als die deutsche
Kunst zu unterstützen.

Besser stand es zunächst um die Malerei, wie die ihr
verwandten Zweige der Kupferstecherei, Glasbrennerei und
des Holzschnitts. Die großen Künstler, wie Dürer, Holbein,
Kranach fanden vollauf Beschäftigung bei der Erstellung von
Bildnissen der verschiedensten Personen. Schüchtern genug
sind die Versuche gewesen, Frauenkörper darzustellen. Dürer
malte diese als häßliche unbekleidete Weiber; denn sicher fehlte
es ihm an besseren Vorwürfen. Kranach (1472—1553), der
einmal die Schilderung des Paris-Urteils wagte, sah in nackten,
kindlich lachenden Landknechtsdirnen die schönsten Göttinen der
antiken Welt. Hans Holbein, der wahre Maler der deutschen
Renaissance, allein hatte „den freien Sinn für die Schön-
heit der Form." Als er nach England ging, blieb dem
Reiche kein einziger Künstler seines Geistes, seiner Gestal-
tungskraft.

Im Holzschnitt, wie im Kupferstich wurden freilich noch
prächtige Stücke gezeitigt, ehe um die Wende des Jahrhunderts auch diese Kunstzweige von geistloser, plumper Hand-
werkerei überwuchert wurden. Die Glasmalerei ward schließlich nur noch in der Schweiz gepflegt; sie ging aber auch dort
in verhältnismäßig kurzer Zeit zu Grunde.

Die Bauthätigkeit dagegen wuchs im letzten Drittel
des Jahrhunderts zu bedeutendem Umfange an. Die Fürsten,
welche die erhöhte Steuerkraft ihrer Unterthanen wohl zu
nutzen verstanden, errichteten sich kostbare Paläste. Das Hauptwerk der Baukunst im Zeitalter der deutschen Renaissance ist das
Heidelberger Schloß, nachmals ein Denkmal der tiefsten
Erniedrigung des Reiches und der größten Bildungsroheit
eines angeblich gesitteten Volkes. Um die Mitte des sech-

zehnten Jahrhunderts begonnen und von verschiedenen Meistern
ausgeführt, sind besonders der Otto Heinrich=, wie der Fried=
richbau vollkommene Schönheiten. Gegen diese wundervolle
Gliederung und Gestaltung darf sich kein anderes Bauwerk
in Deutschland stellen, das jenen Tagen entstammt, obwohl
kaum eine fürstliche Stadt von einiger Bedeutung ohne ähn=
liche Anlagen geblieben ist. Trotzdem soll nicht verkannt
werden, daß die Renaissance im welschen Wesen wurzelte
und darum im Reiche niemals eine bleibende Stätte finden
konnte. Sie mußte schließlich in der Baukunst, wie im Kunst=
gewerbe zu Verzerrungen sich ausgestalten, weil ihr die Vor=
bilder des Altertums fehlten. Alle Versuche, die Renaissance
in Deutschland wieder aufzurichten, gleichen deshalb dem
Streben, eine Leiche zu elektrisieren.

Das Bürgerhaus jener Tage mochte sich freilich den
geschilderten Einflüssen nicht entziehen.*) Es unterschied sich
vorteilhaft von früheren und späteren Bauten dieser Art
durch eine auffallende Raumverschwendung. Unter dem ge=
waltigen, mit widerstandsfähigen Flügeln verschlossenen Thor=
bogen, über dem das Wappen der Besitzer angebracht ward,
trat man in einen weiten, gepflasterten Flur. Das Erdge=
schoß diente zum Aufbewahren von Waren, wenn es nicht,
wie bei Bäckern und Krämern den Verkaufsraum barg. Auf
breiten, bequemen und hellen Holztreppen gelangte der Be=
sucher in die oberen Stockwerke. Hier fanden sich die Wohn=
räume, der Prunksaal, die Küche. Licht und Luft empfingen
die Zimmer durch eine große Anzahl Fenster von der ver=
schiedensten Größe und der unregelmäßigsten Anordnung.
Hinter der Küche gegen den Garten gewendet, gab es wohl

---

*) Vergl. hierüber des Verfassers „Bilder aus der Kulturgeschichte der
Schweiz“; Abschn. VI. (Bürgerliche Wohnungen im Zeitalter der Renaissance.)

auch einen hölzernen gedeckten Gang, die „Sommerlaube." Zur Winterszeit versammelte sich die Familie um den breit ausladenden Kachelofen; holzfressende Kamine taugten nicht für die bürgerliche Sparsamkeit.

Die Wände der besser ausgestatteten Zimmer entbehrten gewöhnlich nicht einer passenden Bekleidung; sei es, daß diese aus Holztafeln, aus gewirkten Teppichen oder Ledertapeten bestand. Große Glasfenster fanden sich auch schon in reicheren Häusern, während die groben „Butzenscheiben" den Wohnungen der Armen blieben. Glasgemälde, Tafelbilder und Gegen= stände des Kunstgewerbes schmückten den Raum, in dem wichtige Besuche empfangen wurden. Bänke, Stühle, Tische, Bettstellen und Schränke, überhaupt allen Hausrat, fertigte man zumeist aus gutem einheimischen Holze; Küchenwerk= zeuge und Teller, Becher, Kannen und dergleichen mehr, welche für den täglichen gewöhnlichen Gebrauch dienten, lieferten Kupferschmiede und Zinngießer. Galt es zu prunken, so fehlten die alten edlen Familienstücke gewiß nicht, zumal die Zeit es liebte, Barvermögen in goldenen und silbernen Geräten anzulegen.

In sonderbarem Gegensatz zu solcher Pracht stand die Unsauberkeit der Straßen, auf denen Düngerhaufen nicht selten vorkamen. Die hohenzollernschen Kurfürsten z. B. mußten mehrfach strenge Verbote erlassen, damit wenigstens die Umgebung ihres Berliner Schlosses von Schweineherden be= freit blieb. Für die Abfuhr der städtischen Abfälle geschah nichts von seiten der Obrigkeit. So darf es auch nicht Wunder nehmen, daß Pest und ansteckende Krankheiten stetsfort wüteten. Der Volksglaube von der Vergiftung der Ziehbrunnen befand sich sachlich auf der richtigen Spur. Nur irrte er in seiner finsteren Weise, wenn er das faulige Wasser etwaiger Bos= heit der unglücklichen Juden zuschrieb.

Die öffentlichen Vergnügungen unterlagen mehr und mehr der Veränderung der Sitten. Das Hervortreten der fürstlichen Macht begünstigte prunkende Schaustellungen. Die Städte und ihre Marktplätze wurden die Bühnen für derartige Feste. Obenan standen natürlich die Kaiserkrönungen zu Frankfurt a. M., deren Gepränge, Aufzüge und Belustigungen sich schon damals in ungefähr der nämlichen Weise abspielten, wie sie Goethe geschildert hat. Weitere Gelegenheit für neugierige Gaffer und freche Schmarotzer boten die fürstlichen „Beilager", d. h. Hochzeiten. Sie scheinen nur dann für erwähnenswert gehalten worden zu sein, wenn sie gewaltige Mengen von Speisen und Getränken darboten. Ein oberdeutscher Fürst trank sich sogar während der vierzehn Tage dauernden Vorfeiern zu seiner Eheschließung regelrecht zu Tode, ohne die Braut begrüßt zu haben! Bei den Familienfesten des Patriziates und seinen „Geschlechtertänzen" wurden ähnliche Sitten gepflegt. Selbst die Doktorpromotionen dienten zu öffentlichen Lustbarkeiten.*) Am kaiserlichen Hofe zu Wien waren die Turniere nach mittelalterlicher Art noch zur Zeit Kaiser Max II. sehr beliebt. Rohere Scheinkämpfe und selbst Tierhetzen bevorzugten die Bürger der Reichsstädte. Auf den Messen und Märkten erschienen zudem nach wie vor die „starken Männer", die Gaukler und die Mißgeburten. Dagegen kam an den Höfen die läppische Ergötzung an den zotenhaften, plumpen Scherzen der Narren in etwelche Abnahme.

Das verfeinerte Gefühl fand vielmehr Gefallen an der Musik, für deren Pflege jetzt ein Wendepunkt sich feststellen

---

*) So bezahlte der Magister Zacharias Hermann aus Breslau in Frankfurt a. O. anläßlich seiner 1611 erfolgten Promotion im Ganzen die ansehnliche Summe von 622 Thl. 23 Groschen. Für die benutzten Bücher berechnete er nur 8 Thl. 23 Groschen; alles übrige ging für Speisen, Getränke Trinkgelder und Musikkosten auf.

ließ. Karl der Große hatte gemeint, die Deutschen sängen
gleich als ob Esel schrieen, und darum zog er italienische
Stimmkünstler nach Aachen. Nachdem das ritterliche Lauten-
spiel verhallt war, verschwand auch die Musik mit den anderen
Musen aus dem Reiche; der Kirchengesang verfiel völlig.
In der Reformation lebte er, hauptsächlich durch Luthers Bemühungen wieder auf, und auch die Katholiken wendeten ihm
bald erhöhte Aufmerksamkeit zu. Das weihevolle Orgelspiel
wurde zur Verschönerung und Vertiefung des Gottesdienstes
heran gezogen. Aus Italien erhielt man neue Blas= und
Saiten=Instrumente. Es gehörte zur Herrscherpflicht des
Kaisers und der Fürsten, größere Gesellschaften von Musikkünstlern zu unterhalten. Auch die Städte folgten diesem
Beispiele, soweit sie nicht schon längst wie Augsburg und
Nürnberg auf dem Wege voran gegangen waren. Ihre „Pfeifer
und Pauker" bildeten eine ehrliche Zunft, die keine Gemein-
schaft mit den Harfenmädchen, Lautenschlägerinnen und Dudel-
sackpfeifern der Fahrenden hatte. Selbst Singspiele erschienen
schon auf der Volksbühne; Jakob Ayrer in Nürnberg (?—1605)
hat uns solche hinterlassen.

Dieser Dichter bildete sich nach einer neuen und eigenartigen Erscheinung in der Geschichte des deutschen Schrifttums — den „Englischen Komödien". Im letzten
Viertel des Jahrhunderts erschienen nämlich im Reiche die
englischen Schauspieler, welche aber doch wohl deutschen Ursprungs waren. Ihre frisch geschriebenen, den Volksgeist
kräftig packenden Stücke verdrängten das langatmige, leblose
biblische Drama. Einsichtige Dichter folgten dem gegebenen
Beispiele, Uebersetzer machten sich daran, freilich oft mit großem
Ungeschick, die englischen Stücke zu bearbeiten.

Den Engländern bleibt die bestimmte Gestaltung der

luftigen Person des Hans Wurst zu danken, der sich durch pfiffige Tölpelhaftigkeit und gewaltigen Appetit auszeichnete. Er war der ius deutsch-volkstümliche verkehrte Sir John Falstaff.

Der vornehmste Nachbildner dieser Richtung ist Heinrich Julius, Herzog zu Braunschweig und Lüneburg (1564—1613) gewesen. Er hat die erste Hofbühne errichtet und überhaupt dem deutschen Schrifttum die größte Aufmerksamkeit geschenkt. Sein Beispiel blieb jedoch bei den deutschen Fürsten unbeachtet; denn schon begann die Zeit, da sich die Ereignisse zum Waffen=entscheide zuspitzten.

Als Kaiser Max II. den Thron bestieg, schienen die Be=griffe deutsch und protestantisch für alle Ewigkeit vereint zu sein. Der Herrscher selbst zeigte sich menschlich und der neuen Lehre freundlich gesinnt. Doch, er starb nach kaum zwölf=jährigem Wirken und hinterließ die Krone seinem Sohne Ru=dolf II., der ganz und gar von den Gedanken der Gegen=reformation beeinflußt wurde. Dieser Herr, ein abergläubischer Gelehrter und vorzüglicher Pferdekenner, paßte wenig für das höchste weltliche Amt, welches die Christenheit kannte. Er fürchtete, daß wie in den Niederlanden, die Reformation auch in seinen Erbstaaten eine siegreiche politische Umwälzung her=vorrufen werde. Mit seinen Unterthanen, die in ihm bald einen argen Feind ihrer Rechte erkannten, stand er schlecht. Auf das Reich selbst hatte er nur geringen Einfluß. Auch dort rechnete man ihm die veränderte Haltung der katholischen Stände, die Ausbreitung des Jesuitenordens als ureigenstes Werk an.

Die Gegenreformation wußte besonders bei der Nutz=anwendung des geistlichen Vorbehaltes ihre Hebel kräftig ein=zusetzen. Dabei enthielten sich die Protestanten nach wie vor

des gemeinsamen Handelns. Der Calvinist haßte den Lu=
theraner als „Antichrist", der Lutheraner verfolgte die Refor=
mierten mit Feuer und Schwert. Uebrigens gewann die
nüchterne Glaubensauffassung des calvinistischen Bekenntnisses
große Fortschritte auf Kosten des seiner ursprünglichen Ge=
mütstiefe völlig entkleideten Luthertums. Die leidige deutsche
Sucht, fremde Bräuche nachzuahmen, kommt dabei ebenfalls
zum Ausbruck. Man begeisterte sich für das Wesen der aus
Frankreich infolge der Glaubenskriege flüchtenden Hugenotten,
die ausnahmslos calvinistisch, zugleich aber auch herzlich ober=
flächlich und sehr genußsüchtig waren.

Heinrich IV. von Frankreich (1589—1610), der
vornehmste Ausdruck dieser Art von „Protestanten" bemühte
sich eifrig, Einfluß auf die Geschicke des Reiches zu erhalten.
Französische Sendlinge, französisches Geld und nicht zuletzt
auch französische leichtfertige Damen gelangten an die deutschen
Höfe. Bei solchem Zusammenwirken konnten Erfolge für das
Land des Lilienbanners nicht ausbleiben. Während die Hof=
prediger des Kurfürsten von Sachsen mit den jesuitischen
Beichtvätern des Kaisers in bestem Einvernehmen standen,
warfen sich die Kurpfalz und ihr Anhang in die Arme des
Bearners.

Durch seine Vermittlung kam der Bund der reformierten
und einiger lutherischer Reichsstände, die sogenannte pro=
testantische Union zustande. Sie sollte in Wahrheit
die Vorhut des französischen Heeres bilden, das Heinrich IV.
gerade in dem Augenblick über den Rhein zu führen gedachte,
als er dem Mordstahle Ravaillacs erlag. Mit seinem Tode
verschwand für die Union jedes zielbewußte Handeln.

Dagegen erstarkte die katholische Liga, deren Ober=
haupt der gewaltthätige, finster=glaubenseifrige Jesuitenzögling,

Herzog Maximilian von Baiern war. Die Lutheraner ſtanden
zwiſchen beiden Mächten; als Rudolf II. vergrämt und kraft=
los abtrat, ſchien es faſt als ob der neue Kaiſer Mathias I.
mit Sachſen ein enges Bündnis eingehen werde.

Die Proteſtanten in den habsburgiſchen Erbſtaaten ver=
hinderten die Ausführung dieſer Pläne. Als ſie erfuhren,
daß Erzherzog Ferdinand von Steiermark der Nachfolger von
Mathias ſein ſolle, als die katholiſche Partei in Böhmen zu
ſchlimmen Gewaltthaten gegen die Andersgläubigen ſchritt, lief
ihnen der Zorn ins Blut.

Der Glaubenskrieg ward unvermeidlich!

V.

Das Zeitalter des dreißigjährigen Krieges.

Schriften: L. Ranke, Zur Deutſchen Geſchichte. Vom Religions=
kriege bis zum 30jährg. Krieg. (Werke VII). M. Ritter, Ge=
ſchichte d. Dtſch. Union. L. Ranke, Geſch. Wallenſteins. Breit=
ſchwerdt, Joh. Kepler's Leben. G. Droyſen, Guſtav Adolf. K. Grün,
Kulturgeſchichte des XVII. Jahrhunderts.

Der Aufſtand in Böhmen, welcher mit dem Prager Fenſter=
ſturz (1618) begann, und die Wahl Friedrichs V. von der
Pfalz zum König des Czechenlandes, entzündeten den dreißig=
jährigen Krieg. Dreißig lange Jahre kämpfte man, an=
geblich um des Glaubens willen, in Wahrheit jedoch um
höchſt irdiſche Beſitztitel. In dieſer Zeit aber ward Deutſch=
land aus einem Kulturſtaate zur faſt unbewohnten Wüſtenei
umgewandelt.

Eine derartig zügellose Kriegsführung hatte das Reich in allen seinen Teilen bis dahin niemals erlebt. Ueber drei Jahrhunderte waren vergangen, seit die Städte dem Faust- recht wirksam entgegentraten. Jetzt erfuhren die Bürger, daß ihre seither und besonders seit dem Augsburger Religions- frieden (1555) völlig vernachlässigten Kräfte nicht ausreichten, den Gewaltthaten wilder unbändiger Söldnerhaufen die nötigen Dämme entgegenzusetzen. So erlag das stolze Magdeburg den Scharen Tillys, weil die reichen Bewohner der Stadt den Mühseligkeiten des Wachtdienstes aus dem Wege gingen. So versagte der Aufstand der protestantischen Bauern Oberöster- reichs (1626—1628), weil ihm keine Unterstützung von den Glaubensgenossen zuteil wurde, und die Führer selbst, nach dem Tode Stephan Fadingers, Uneinigkeit und wirkliche Mut- losigkeit aufkommen ließen.

Der dreißigjährige Krieg zeigt auch zum letztenmal das Wesen der großen Scharenhauptmannschaft (Condottieri). Mit dem westfälischen Frieden (1648) verschwindet es aus der Geschichte. Mannsfeldt, Christian von Braunschweig, Georg Friedrich von Baden und selbst Bernhard von Weimar sind seine vornehmsten Vertreter auf protestantischer, Tilly und Wallenstein auf kaiserlicher Seite.

Besonders Albrecht Wenzel Eusebius von Waldstein, der spätere Herzog von Friedland ist der Typus dieser mili- tärischen Führer (1583—1634). Von einiger Bildung, in jungen Jahren bereits Soldat, stets voll von Menschenver- achtung, „unbarmherzig, ohne brüderliche und eheliche Liebe, nur sich selbst ergeben, hart über seine Unterthanen, geizig, betrüblich, ungleich im Verhalten, meist stillschweigend" — so kennzeichnete ihn sein vom großen Johannes Kepler (1608) gestelltes Horoskop. Die ganze Entwickelung dieses schlimmen

Mannes hat dieser merkwürdigen Weissagung in allen Stücken recht gegeben, weil Wallenstein selbst ihr zu folgen ernstlich bemüht war.

Niemals ist die gesittete Menschheit so geradezu vom Aberglauben befangen gewesen, als in der trostlosen Zeit, welche zwischen dem Tode Maximilians II. und dem westfälischen Frieden liegt. Die vornehme Welt betrieb nach dem Beispiele Rudolfs II. (1576—1612) die Astrologie mit Leidenschaft, jene Afterwissenschaft, von der Kepler treffend sagte, es sei die buhlerische Tochter der Astronomie, die aber ihre alte, verständige Mutter ernähren müsse. Das Volk glaubte an Hexen und Zauberer, an Waffenbeschwörer und Teufelskünstler, an Alraune und an die Passauer Kunst, von der besonders der Kriegsknecht erwartete, sie werde ihn „gefroren", d. h. hieb=, stich= und schußfest machen.

Während sich auf den Schlachtfeldern Deutschlands in= folge des Auftretens Gustav Adolphs (1612—1632) von Schweden eine neue Kriegskunst heranbildete, versanken die Wissenschaft und das deutsche Nationalgefühl unter den Trümmern des Reiches.

Dennoch leuchteten auch in dieser Zeit zwei gewaltige Sterne am deutschen Geisteshimmel: Johannes Kepler aus Weil in Wirtemberg und Johann Amos Comenius, der zwar der Geburt nach ein Mähre, seinem Wirken nach ein Deutscher war. Hunger und Kummer begleiteten den Lebensweg dieser beiden großen Männer, doch ihr unvergänglicher Ruhm wird die fernsten Jahrhunderte überstrahlen. Kepler, der zwanzig Jahre alt (1591) das Stift in Tübingen verließ, um als protestantischer Kirchendiener in das Leben hinaus= zutreten, ward von den geistlichen Behörden seines Vater= landes als untauglich zum Prediger befunden. Aus Not

ergriff er das Gewerbe eines Kalendermachers, und da
gelungene Prophezeihungen ihn in weiteren Kreisen bekannt
machten, so berief ihn (1593) das steirische Graz als Lehrer
der Mathematik und Moral an sein städtisches Gymnasium.
Bereits nach sieben Jahren (1600) mußte der eifrige Prote-
stant den Verfolgungen des Erzherzogs Ferdinand weichen.
Als Flüchtling gelangte Kepler nach Prag, um dort zunächst
der Gehilfe, dann der Nachfolger des großen dänischen
Astronomen Tycho de ∘Brahe zu werden. Immer in
äußerster Not — denn weder Rudolf II. noch auch Mathias
(1612—1619) wurden ihren Verpflichtungen gegenüber
dem unglücklichen Hofastrologen gerecht — schenkte Kepler der
Welt die drei Gesetze, wodurch das Planetensystem des
Kopernikus erst die wissenschaftliche Grundlage erhielt. Nach
kurzem Aufenthalte in Linz, suchte Kepler (1626) ein Asyl
in Regensburg, wo er auch — nach seiner Rückkehr von
Sagan — am 15. November 1630 starb, nicht mehr als
22 Gulden Barschaft und einen Gaul im Werte von
11 Gulden hinterlassend. .Die Berufungen nach Bologna
und England hatte der brave Vaterlandsfreund trotz seiner
elenden Lage mit den herrlichen Worten abgelehnt: „So
lange Deutschland mich nicht verstößt, will und kann ich ihm
nicht untreu werden. Ich bin ein Deutscher, unter Deutschen
aufgewachsen; nur im Gebiet deutscher Sitte, nur in der
Luft deutscher Geistesfreiheit will ich leben.“

Der Wert der Lehren Keplers beruhte auf der Thatsache, daß er der von Tycho de Brahe geschaffenen mathe-
matischen Astronomie die physikalische beifügte, daß er den
Irrtum vollends ausmerzte, alle übrigen Planeten bewegen
sich um die Sonne, diese jedoch um die Erde. Freilich besaß
Kepler seit 1608 etwa ein Fernrohr, dessen Vergrößerungs-

stärke aber kaum unseren jetzigen Feldstechern gleich kam. Unermeßlich ist es, was der größte deutsche Physiker aller Zeiten mit diesem unbedeutenden Instrumente erforschte und Leibniz hat nicht zuviel gesagt, wenn er ihn den Unvergleich= lichen nannte.

Jetzt zu Comenius! — Er ist der letzte große und wahre Humanist, ihm schwebte Zeit seines Lebens die „Pan= sophie" vor, die aus allen besonderen Wissenschaften und Künsten aufgebaute allgemeine Wissenschaft der Wissenschaften und Kunst der Künste, deren Grundsätze aus Natur und Schrift zu gewinnen seien. — Johann Amos Commenius ward am 28. März 1592 zu Komma bei Ungarisch=Brod in Mähren geboren; erst im 16. Jahre bezog er die Latein= schule, 1613 die Heidelberger Universität, drei Jahre später ward er protestantischer Prediger, 1628 mußte er vor den Verfolgungen der Kaiserlichen das Vaterland verlassen. In Polnisch=Lissa als Theologe thätig, schrieb er dann seine pädagogischen Werke, von denen besonders die „eröffnete Sprachenthüre" (Janua linguarum, 1637) die weiteste Verbreitung fand. Als Programm gab Comenius folgende Worte: „Das Sprachstudium zielt auf die Dinge ab, um nicht in eitler Geschwätzigkeit, sondern in weiser Beredsamkeit zu enden. Die Worte müssen beständig im Verein mit den Dingen gelehrt werden, damit sich Einsicht und Sprache zugleich bilde." Schon hieraus ist zu ersehen, welche Stellung Comenius zu dem Scheinwesen der vollkommen verrotteten damaligen Schulbildung einnahm, die nichts anderes wollte, als den jugendlichen Geist durch sinnloses Auswendiglernen in tote Formen pressen. Der große Mann ist auch der erste gewesen, welcher nicht nur die Notwendigkeit des An= schauungsunterrichts einsah, sondern ihn auch mit den Worten

verfocht, er sei „erstens die Kunst, den Geist des Lernenden
zu fesseln, zu laben, zu sänftigen", sodann das Mittel, alles
durch eigene Anschauung und die sinnliche Auffassung zu
finden. Man müsse mit dem Bekannten anfangen und stufen-
weise allmählich zum Unbekannten übergehen.

.Durch die Bemühungen von Samuel Hartlib ward
Comenius (1641) nach London berufen; die beginnende
Revolution zerstörte jedoch alle Hoffnungen des großen
Pädagogen. Da war es ein reicher, holländischer Handels-
herr, Ludwig de Geer, welcher sich seiner annahm und ihn
in Stockholm mit Axel Oxenstjerna, dem damals unzweifel-
haft bedeutendsten Staatsmanne der protestantischen Welt,
zusammenführte. Während aber Comenius darauf bestand,
seine Pansophie, seine Encyclopädie aller Wissenschaften aus-
zuarbeiten, wünschten die praktischen Schweden, er möge mit
seinen Umgestaltungen bei der Volksschule beginnen. So
verlegte Comenius (1642) den Wohnsitz nach Elbing und
schrieb hier die Schulbücher, welche in Schweden seit 1648
in Gebrauch genommen wurden. Zugleich empfahl er den
deutschen Fürsten, den Wiederaufbau des zerstörten Vater-
landes durch die Einführung guter Schulen und Lehrer-
bildungsanstalten zu beginnen; doch, seine Worte verhallten
ungehört. Erst unser Jahrhundert ist diesem würdigen Vor-
gänger Pestalozzis gerecht geworden. Im Jahre 1650 ward
Comenius vom Fürsten Sigismund Racoczi nach Siebenbürgen berufen. Dort in Saros-Patak, unweit dem wein-
berühmten Tokay, errichtete er eine Provinzialschule und schrieb
den „Orbis pictus" (1657), das erste illustrierte gemein-
faßliche Werk, welches für die Jugend bestimmt war und der
Grundstein geworden ist aller ähnlichen Arbeiten späterer
Zeit. Seit 1654 wieder in Lissa, mußte Comenius, nach-

dem er durch die Horden Kasimirs im schwedisch-polnischen Kriege beim Brande der Stadt die gesamte Habe eingebüßt hatte, 1656 nach Amsterdam zu dem getreuen Laurentius de Geer, dem Sohne Ludwigs, flüchten. Dort veranstaltete er noch eine Gesamtausgabe seiner Lehrschriften, ehe ihn am 16. November 1671 der Tod hinwegraffte.

Und wie tragisch ist es doch, daß das deutsche Volk in seiner überwältigenden Mehrzahl kaum die Namen Kepler und Comenius kennt, indes ihm das verkörperte Kriegselend, Wallenstein, wohl vertraut ist, zumeist freilich durch die Schöpfung seines Lieblings unter den großen Dichtern.

Aber es war auch der Krieg, welcher in diesen vier Jahrzehnten der ganzen Nation den Atem benahm. Der Bauer mochte nicht mehr ackern, der Bürger nicht mehr handwerken; was blieb ihnen in dem allgemeinen Moraste anders übrig, sollten sie nicht vollends verderben, als dem Kalbfelle zu folgen?

„Grüß den Vater und die Brüder,
„Bin Soldat, komme nimmer wieder.“

Denn es gab für Hunderttausende keine Heimat mehr; der Simplicius Simplicissimus, welcher heute der Schwedenfahne schwor und morgen dem Kaiser diente, ist das deutsche Urbild jener furchtbaren Jahre. Seine Lebensgeschichte ist die Biographie noch des besseren Teiles der damaligen wirklichen Machthaber in Deutschland. Die Thaten der anderen zu schildern, hätte selbst ein Grimmelshausen die Feder für zu schwach befunden.

Das Reich, welches um 1620 über dreizehn Millionen Einwohner gezählt hatte, beherbergte um 1650 kaum vier Millionen. Mehr denn zwölftausend Ortschaften waren zerstört worden; von einem guten Teil derselben haben sich nicht

einmal die Namen erhalten. Dort, wo der Krieg besonders
getobt, so in Baiern, Böhmen, Schlesien, in Württemberg,
Franken und Hessen, standen ganze Ortschaften leer. Zwischen
Hagenau und Zabern im Elsaß gab es kein Dorf. Die
Stadt Berlin, obwohl doch immer eine kurfürstliche Residenz,
soll damals nur 300 Bürger gezählt haben. Wie berichtet
doch der ehrliche Simplicius: „Da es tagte, fütterte ich mich
wieder mit Weizen, begab mich zunächst auf Gelnhausen zu
und fand daselbst die Thore offen, welche zum Teil verbrannt,
jedoch noch halb mit Mist verschanzt waren. Ich ging hinein,
konnte aber keines lebendigen Menschen gewahr werden: hin=
gegen lagen die Gassen hin und her mit Toten überstreut,
deren etliche ganz, etliche aber bis aufs Hemd ausgezogen
waren". Es kam soweit, daß der Kanibalismus in Deutsch=
land wieder auflebte.*)

Der Kreistag zu Nürnberg (1632) gestattete den ka=
tholischen Geistlichen die Ehe, dem Laien empfahl er gar
zwei Frauen zu nehmen, um die Bevölkerung zu mehren.
Freilich, nur das eine unglückliche Württemberg allein verlor
von seinen 313000 Bewohnern (1634) in kaum sieben Jahren
deren 265000. Die Pfalz, welche die Kriegführung Tilly's
und der spanischen Horden erfahren, behielt zuletzt nur den
fünfzigsten Teil ihrer ursprünglichen Bevölkerung; Fran=
kenthal z. B. besaß von 18000 Bürgern (1620) noch 324
als die Friedensglocken läuteten. Rheinbaiern und Franken
haben sich eigentlich bis heute nicht von solch' furchtbarem
Greuel erholt.

Mehr denn ein Drittel des einst urbar gemachten Bodens

---

*) In Worms ist es (1635) geschehen, daß ausgegrabene Leichen ver=
schlungen wurden; aus anderen Orten berichtet die Chronik, man habe die
Gehenkten verzehrt und kleine Kinder geschlachtet! —

wurde um 1700 noch in brachliegendem Zustande befunden.
Es fehlte außer in Sachsen, Baden und Brandenburg überall
an Menschenkräften; das bare Geld mangelte natürlich oder
wurde mit Wissen und Willen der Obrigkeit durch die falsch=
münzenden „Kipper und Wipper" gründlich verschlechtert.
Erst jetzt begann recht eigentlich der herrische Druck gegen
die leibeigenen Bauern, in denen der Adel und die Städter
gleicherweise lediglich ein mit der Sprache beglücktes Vieh
sahen. Die Folge war, daß der Landmann der Werbetrommel
zulief, welche stetsfort auch nach dem Frieden eifrig gerührt
wurde; denn nun begann das Zeitalter der stehenden Heere.

Die verarmten deutschen Städte verfielen in jeder
Hinsicht. Die Hansa brach 1630 zusammen, nachdem sie die
letzten zehn Jahre ein Scheinleben aus Gnade des Hofes in
Kopenhagen geführt hatte; Danzig büßte seinen großartigen
Getreidehandel vollständig ein, die Städte in Süddeutschland
mußten ihre Verbindungen mit Venedig und dem Orient auf=
geben, Hamburg und Bremen konnten gegen die Allmacht der
niederländischen und englischen Rhederei nicht aufkommen.
Damals begann die großartige Rheinflößerei, welche Holland
die zum Schiffsbau benötigten Stämme des Schwarzwaldes
bringt. Für fast ein ganzes Jahrhundert blieb die Ver=
frachtung dieser Ware die einzige Beschäftigung des früher
so blühenden Rheinhandels.

In den Binnenstädten herrschte der engherzigste Zunft=
zwang. Der Bürger, welcher ehedem selbst dem Kaiser gegen=
über seinen wackeren Stolz hervorgekehrt hatte, er empfand
es nun als die höchste Ehre, in dieser oder jener Beziehung
zum „Hofe" des benachbarten Landesherrn zu stehen. An die
Stelle der Erzeugnisse des Kunstgewerbes im Zeitalter der
Renaissance trat die rohe, handwerksmäßige Geschmacklosigkeit.

Da die Fürsten einen unnatürlichen Luxus trieben, so be=
mühten sich die Städter, trotz aller obrigkeitlichen Vermah=
nungen, das nämliche zu thun. Der Brodem der schlimmsten
Unsittlichkeit lag über dem ganzen, verwüsteten Lande. Raub
und Mord waren an der Tagesordnung, obwohl die Gerichte
mit unerhörter Strenge straften.

Von neuem und diesmal in gräßlichem Umfange raste
die Hexenverfolgung durch Deutschland, obwohl Papst
Gregor XV. (1623) verboten hatte, den „Zauberern" an's
Leben zu gehen, so nicht klar erwiesen wäre, daß ihr Thun
einem Mitmenschen den Tod gebracht. Besonders in den
geistlichen Fürstentümern forderte der Aberglauben tausende
von Opfern. Es brannten in Würzburg allein zwischen 1627
und 1629 über zweihundert Personen, darunter ganz junge
Kinder. Was nutzte es, daß der deutsche Jesuit Graf Friedrich
von Spee (1631) seinen „Vorbehalt in Hinsicht der Hexen=
prozesse" veröffentlichte, daß der Arzt Dr. Weier in Cleve
(1563) die Selbstbeschuldigungen der angeklagten Unglücklichen
als einen seelischen Krankheitszustand bezeichnete. Rühmte
sich doch der lutherische Rechtsgelehrte Carpzow, eine Leuchte
der damaligen Leipziger Universität (1667) in der Einleitung
zu seiner berüchtigten „Kriminalpraxis", die übrigens in ein=
zelnen deutschen Landschaften bis in unser Jahrhundert hinein
fleißig zur Anwendung gelangte, er habe bei zwanzigtausend
Hexenprozessen und derlei Sachen mitgewirkt. Natürlich gab
es weniger „Zauberer" als „Hexen". Beide Bekenntnisse
sahen im Weibe die verkörperte Erbsünde, die natürliche
Buhlin des Satans. Kein Alter, kein Stand blieb ver=
schont vor der rasenden Wut der Hexenrichter. Eine Prin=
zessin von Braunschweig erlitt den Feuertod (1572), eine
Wittelsbacherin wie ihre adeligen Gesellschafterinnen wurden

gefoltert (1628) und entrannen nur mit Mühe dem Scheiter=
haufen.

Die Universitäten, weit entfernt dem Aberglauben zu
steuern, beförderten ihn geradezu durch das, was sie fälsch=
lich Wissenschaft nannten. Wo waren die Lern= und Lehr=
triebe geblieben, die einst der aufblühende Humanismus er=
weckte? Hatten die Besten unter den Männern, welche die
Lust an wahren Studien wieder erweckten, voran die Hutten,
Karlstadt und Mutian, alle akademischen Grade, Titel und
Würden mit Verachtung gestraft, so machte sich nun auf den
deutschen Hochschulen ein widerlicher Handel geltend, der das
Streben der Zeit, die Sucht nach pomphaften Auszeichnungen
beschlug.

Das Studentenleben war immer roh gewesen, ohne
jedoch des geistvollen Hintergrundes zu entbehren. Jetzt gab
es sich einfältig und gemein. Die früher doch mehr lächerliche
Sitte, den „Bean“ (Gelbschnabel) d. h. den Neuling durch
die „Deposition“, eine sonderbare Förmlichkeit, in den Kreis
der Kommilitonen aufzunehmen, artete geradezu in eine em=
pörende Mißhandlung aus, welche schwächere Opfer an der
Gesundheit schädigte. So gefiel man sich in Jena besonders
darin, die unglücklichen „Pennäler“ (Federbüchsen), welche
eben von der Lateinschule kamen, mit Getränken und Speisen
zu traktieren, welche verzweifelt an den aus Jauche bestehen=
den „Schwedentrunk“ erinnerten, das berüchtigste Foltermittel
der raubend umherschweifenden Soldaten.

Die Freiheit des Burschen ward übrigens nicht wenig
beschränkt durch die Standesunterschiede. Während der arme
bürgerliche Student der Verachtung auf Schritt und Tritt
begegnete, besaßen die Vornehmen jedes Recht. Das Duell=
wesen nahm einen glücklicherweise seitdem niemals wieder

erreichten Umfang an; übrigens entstanden infolge davon die
verschiedenen Fechtschulen, von welchen jene des bekannten
Kraußler in Jena (1620) die berühmteste geworden ist. Auch
der Biercomment erhielt zum erstenmal eine gesetzmäßige
Regelung. Dies geschah aus der guten Absicht, das unmäßige
Trinken etwelchermaßen einzuschränken; doch wurde der Zweck
keineswegs erreicht. Im Gegenteil, die Völlerei steigerte sich noch.

Zugleich begann der Tabak seinen Siegeslauf durch
Deutschland. Soldaten verbreiteten den Genuß des edlen
Krautes, die Aerzte empfahlen ihn als Schutzmittel gegen die
Pest. Das „Dabackdrinken" (Rauchen) und das Schnupfen
kamen zur nämlichen Zeit auf; das ekelhafte Kauen wurde
erst später den englischen Seeleuten nachgeahmt. Dem Vor-
gange des Papstes Urban VIII. folgend, der (1624) den
Tabak mit dem Interdikt belegte, haben die Behörden mehrfach den Versuch gemacht, die „trockene Trunkenheit" zu unter-
drücken. Es gelang ihnen nicht; selbst protestantische Diener
am Worte Gottes schmauchten bereits wohlgefällig ihre Pfeife,
die damals allgemein das bekannte, aus Holland überkommene
Ungetüm war.

Das fortgesetzte Kriegselend verschlechterte die Nahrung
der ärmeren Klassen der Bevölkerung. Der Wildstand
schwand mit der nämlichen Schnelligkeit, wie sich das Vieh
verminderte und seine Rassentüchtigkeit verlor. Noch war die
Kartoffel unbekannt. Muß und Grütze sind die Hauptnahrung
selbst der Städter geblieben, welche höchstens zweimal in
der Woche Fleisch auf dem Tische sahen und in ihren Gärten
kaum etwas anderes als Dauergemüse: Bohnen, Erbsen, Kohl,
Rüben und Zwiebeln pflanzten.*)

---

*) In Baiern war 1645 sogar das Kleienbrod eine große Seltenheit;
1648 galt dort der Scheffel Korn zwischen 60 und 80 Gulden. In Franken

Auf allen Gebieten der menschlichen Gesittung findet sich demnach ein völliger Stillstand. Fortschritte dagegen sind naturgemäß im Kriegswesen festzustellen, nur waren die Urheber derselben keine Deutsche, sondern Schweden.

Der Kriegsknecht wurde geworben und blieb trotz seiner guten Bezahlung, die besonders Wallenstein übte, ein freier Mann. Nach der kaiserlichen „Verpflegungsordonnanz" vom 1. Januar 1639 bezog der Soldat 6—15 Gulden monatlich, wovon wenigstens die eine Hälfte bar, die andere bei niedrigster Wertschätzung der Stoffe in Natura ausgerichtet ward. Die Hauptleute bezogen 150 Gulden monatlich, die Obersten dagegen 1100—1200 Gulden. Zwar verbot die nämliche Vorschrift dem Kriegsvolke bei Lebensstrafe mehr von den unglücklichen Landesbewohnern zu fordern, aber wie dieser Befehl Nachachtung fand, davon zeugt der ganze dreißigjährige Krieg.

Das schnelle Aufsteigen der einzelnen Generale wie z. B. Johann von Werth, Butler, Derfflinger u. a. m. möchte vielleicht zu dem Gedanken verleiten, daß solche Vorkommnisse eine allgemeine Regel gebildet hätten. Dem ist aber nicht so gewesen! Das Offizierkorps unterschied sich scharf in die Männer „von Fortune", welche nur selten aus dem untergebenen Stande zu eigentlichen Führerstellen aufrückten und die „Herren Offiziers", welche bereits in jungen Jahren im Glanze ihrer altadeligen Namen und hervorragenden Familienverbindungen zu den höchsten Chargen gelangten. So erzählt Simplicius: „Siehst du nicht, wie mancher Feldwaibel bei seinem kurzen Gewehr grau wird, der vor vielen eine Com-

---

wurde die Schaf- und Pferdezucht durch den Krieg völlig vernichtet. Das Salz hielt man in Hessen noch um 1650 für ein Luxusgewürz, das sich nur reiche Leute erlauben durften. In Gotha kostete der Laib Brod im Teuerungsjahre 1635 sogar 1 Dukaten.

pagnie zu haben meritirte?" Wer von niederem Abel war,
mußte wenigstens eine Truppe aus seinem eigenen Säckel
werben können, wollte er Hauptmann, Rittmeister oder gar
Oberst sein. Das beste Beispiel hierfür, in freilich nicht wie=
der erreichter Form, giebt Wallenstein. Uebrigens erschien es
selbst seinen Zeitgenossen als ganz undenkbar, daß irgend ein
anderer eine ähnliche Rolle spielen könne.

Mit den fremden Kriegsvölkern, die Deutschland über=
schwemmten, gelangte auch die fremde Kunstsprache zu An=
sehen im Heereswesen. Der Fähnrich der Reiterei wurde
zum Cornet, der Oberstwachtmeister zum Major, der Oberst
stellenweise zum Cardinal, der Heerführer zum General. Diese
Ausdrücke wurden geradezu der kirchlichen Hierachie entlehnt
und obwohl sie eigentlich widersinnig für das Kriegswesen er=
schienen, erhielten sie sich doch bis auf den heutigen Tag.

In der Kriegführung traten mannigfache Neuerungen
auf. Die berühmte kaiserliche Reiterei entstammt dieser Zeit.
Die Infanterie kämpfte nach schwedischem Muster unter aus=
giebiger Benutzung der Feuerwaffe, die Gustav Adolph ver=
besserte und welche bald das Schnapphahn= (1625) bezw. das
Steinschloß (1648) annahm. Die Artillerie erleichterte ihr
Geschützmaterial — schwedische Lederkanonen! — verringerte
die Kaliber und erfand die Cartouchen und Kartätschen. Gustav
Adolph war der erste, welcher den Hauptstoß durch Geschütz
vorbereitete. Sein System scheiterte aber an den Erdwerken,
hinter welchen sich die Wallensteiner bei Nürnberg (1632)
bargen. Sonst war die Gefechtsführung nicht viel mehr als
ein kunstloser Kampf von Front gegen Front, wobei der
Teil den Sieg davon trug, dessen Streitkräfte den größeren
Mut zeigten.

Genau betrachtet, ist also selbst auf diesem Gebiete ein

gewisser Verfall zu verzeichnen, wenigstens in der zweiten Hälfte des Krieges.

Wenn wir die furchtbaren Leiden und Verwüstungen über= blicken, welche das Reich in dieser Zeit erfuhr, so tritt an uns unwillkürlich die Frage heran: Wie war es möglich, daß der deutsche Name überhaupt erhalten blieb? Die germanische Zähigkeit liefert nur ein Teil zur Gestaltung der Antwort; denn von deutschem Wesen ist während des ganzen sieben= zehnten Jahrhunderts herzlich wenig zu verspüren. Durch Einwanderung hat das Reich auch nur wenig frisches Blut erhalten. Der niedrigste fremde Troßknecht mußte finden, daß sein Heimatland im schlechtesten Winkel schöner sei als diese Wüste.

Für eine gute Anzahl Städte, besonders in Oberdeutsch= land und am Niederrhein, brachte der Krieg übrigens Vorteile. Ihr Verfall beginnt erst nach dem westfälischen Frieden. Die Soldaten, welche Edelmetalle, Diamanten und Waren zusammen geraubt hatten, mußten, um bares Geld für ihre Beute zu erlangen, in den reicheren und größeren Städten den Verkauf bewerkstelligen. Dadurch kam ein Wuchergewerbe, ein Hehlerhandel auf, der früher unerhört gewesen, um so mehr, als selbst angesehene Kaufleute es nicht verschmähten, dem mühelosen Gewinn nachzujagen. Holland besonders war ein guter Abnehmer für Gold= und Silbersachen, welche die niederrheinischen Städte gesammelt hatten.

Das ganze entwürdigende aber leicht zu erklärende Treiben nahm ein jämmerliches Ende, als es zum Frieden kam. Mit einem Male brachen Bankerotte herein; denn nur die wenigsten Handelsherren waren bei kühlem Verstande geblieben. Nicht während des Krieges empfanden sie die Not der Zeit, wohl aber gleich nachher, und mit ihrem Sturze verband sich auch jener des ganzen Gemeinwesens.

Unter all den hunderten von selbstherrlichen Fürstentümern Deutschlands ist keines gewesen, das sich so schnell und so überraschend kräftig aus dem allgemeinen Schutt erhob, wie die Mark. Dort regierte seit 1640 der erste „aufgeklärte Despot" Friedrich Wilhelm, welcher mit vollem Recht den Beinamen der „große Kurfürst" trägt. Man mag ihm vorwerfen, daß er von den Volksfreiheiten nicht viel hielt und unumschränkte Gewalt für den Landesherrn sich erzwang; aber niemand wird leugnen können, daß er in dem halben Jahr= hundert seiner Herrschaft aus den zerstreuten hohenzollernschen Besitzungen eine starke norddeutsche Macht zusammenschweißte. Und mehr noch, dieser junge kräftige Staat bot den ver= triebenen Evangelischen Oesterreichs und Frankreichs eine sichere Zufluchtsstätte, von welcher die freien Gedanken von neuem ausgehen konnten.

Die Grundsätze Friedrich Wilhelms beruhten auf der Ansicht, daß alle Unterthanen gleichmäßig zum Wohle des ganzen Staates beitragen müßten, und daß dieser seine Auf= gabe nur dann erfüllen werde, wenn er über ein starkes stehendes Heer und eine wohlgeordnete Verwaltung verfüge. Die auferlegte Verbrauchssteuer war ziemlich hoch; aber da der gemeine Mann sah, wie gut die gewonnenen Summen für die Verbesserung des ganzen Landes aufgewendet wurden, zahlte er sie willig. Die märkische Ritterschaft glaubte zuerst mit ihrem Widerspruche durchbringen zu können, aber Friedrich Wilhelm zeigte ihnen an dem Schicksale des ost= preußischen Obersten von Kalckstein (1672), was sie zu erwarten hätten.

Nach innen wie nach außen deutsch, so handelte der große Kurfürst und zwar mit dem vollkommenen Bewußtsein dessen, was er wollte. Als er (1672) wider Ludwig XIV. für

Holland zu den Waffen griff, sprach er: „Wenn des Nach=
bars Haus brennt, gilts dem eignen". Freilich der Dank
von Habsburg blieb nicht aus; denn der Kaiser mochte keine
deutsch gesinnten Fürsten im Reiche wissen. Großartiges
wurde durch die Verwaltung geschaffen, an deren Spitze der
einsichtige Ratgeber Otto von Schwerin stand. Die verödeten
Bauernhöfe erhielten neue Besitzer in Eingewanderten aus
Friesland, Holland und der Schweiz. Die Oder ward mit
der Spree durch eine bequeme Wasserstraße verbunden (Friedrich=
Wilhelms=Kanal, 1662—1668), die regelmäßige „Ordinari=
Post" lief (seit 1649) von Cleve bis Memel. Zu Duisburg
(1655) entstand eine Universität, zu Berlin der Grundstock
einer großen Bücherei. Die Zunftgesetze erhielten eine zeit=
gemäße Auffrischung, den Juden wurden entsprechende Frei=
heiten gewährt. Mit den Hugenotten kam der Gewerbfleiß
schnell empor; das Berliner Tuch erwarb sich bald einen
Weltruf.

Der Bauer erfuhr indes neben werkthätiger Unterstützung die
schärffte Aufsicht. Kein Bewohner des platten Landes durfte
heiraten, der nicht wenigstens sechs Obstbäume veredelt und
sechs Eichen gepflanzt hatte.

Selbst eine Flotte schuf sich Brandenburg, die es sogar
wagen durfte, spanische Orlogs beim Kap St. Vincent (1681)
mit Erfolg anzugreifen. Ja, der rote Adler wehte in Guinea
(Afrika) und Senegambien (Großfriedrichsburg 1683), und
nur die spätere, gleichgültige Zeit ließ diese Erwerbungen wie=
der verkümmern.

Die Mittel, mit denen diese wichtigen Fortschritte erzwungen
wurden, mögen heute gewaltthätig erscheinen; sie waren aber
durch die Verhältnisse bedingt. Gewerbe und Handel bestanden
nicht mehr, als Friedrich Wilhelm den Kurhut erhielt. Sollten

sie mit denen des Auslandes in erfolgreichen Wettbewerb
treten, so mußten die fremden Einrichtungen nachgebildet
werden.　Der Lehrmeister für Brandenburg ist im großen und
ganzen Ludwigs XIV. Minister Colbert gewesen.　Seine
Handelsgrundsätze („Mercantil=System") wurden angenommen.
Wie in Frankreich, so fanden sich auch in Brandenburg Schutz=
zoll und bevorrechtete Fabriken, Ein= und Ausfuhrverbote
neben teilweiser Steuerbefreiung von Gewerbetreibenden.
Während aber in Frankreich das von den Staatskassen ver=
einnahmte Geld für die Genußsucht des liederlichen versailler
Hofes und die frevelhaften Kriege des „Sonnenkönigs" ver=
schwendet ward, legte der brandenburger Herr den goldenen
Grundstein zum Ausbau des Königreiches Preußen.

Friedrich Wilhelm und sein Land sind der einzige Licht=
strahl in der Nacht, die während und nach dem dreißig=
jährigen Kriege auf dem Reiche ruhte.　Ohne den harten
Willen des Kurfürsten und die Tüchtigkeit seiner aus den
verschiedensten Grundstoffen gemischten Völker wäre der deutsche
Name sicherlich untergegangen.

VI.
Die Aufklärung.

Schriften: F. C. Schlosser, Gesch. d. XVIII. Jahrhdts. K.
Biedermann, Dtschlnd. i. XVIII. Jahrhdt. Fr. Hauser, Dtschlb.
n. d. dreißigjhrg. Kriege. Goethe, Aus m. Leben. A. Stahr,
Lessing. J. Scherr, Schiller u. s. Zeit. Jul. Schmidt, Gesch.
d. dtsch. Litteratur s. Lessings Tod. I.

Zerrissen und geknechtet, so haben wir Deutschland am
Ende des dreißigjährigen Krieges kennen gelernt.　Ein Kaiser,

deſſen Hof nach ſpaniſcher Sitte lebt, deſſen Ratgeber teils ſchlaue Jeſuiten, teils unfähige, aufgeblaſene Herren ſind ohne Sinn für das Land, deſſen Boden ſie treten. Die kleineren deutſchen Fürſten gefallen ſich in hohlem Prunke. Sie er= ſterben vor Demut, wenn ihnen der Glanz von Verſailles leuchtet und der räuberiſche, „große“ Ludwig XIV. gnädigſt geruht, ihnen ein huldvolles Lächeln zu ſchenken.

Daß Frankreich gerade ſolchen Einfluß auf die „Bären= häuter“ jenſeits des Rheines ausübte, erklärt ſich leicht aus ſeiner Staatsweisheit. Richelieu verfolgte die alte Regel, franzöſiſche Heere und franzöſiſche Thaler nach Deutſchland zu ſenden. Wer zahlt, befiehlt! —

Wollten die Höfe recht fette Biſſen aus dem großen Keſſel zu Paris erhaſchen, ſo mußten ſie die fremde Zunge lernen, die Sitten des reichen Nachbarn annehmen, damit deſſen Geſandte ſich wohl bei ihnen fühlten. Es galt die Umwandlung ſchnell zu vollziehen, wollte man nicht zurück bleiben bei dem allgemeinen Wettrennen. In der Heimat fanden die Herren ja doch keinen ſeeliſchen Rückhalt. So zogen ſie ein, die Liederlichkeit und die Genußſucht, die franzöſiſche Kleidung, die Nahrung, die Sprache und das Schrifttum.

Mit dem Schrifttum ſtand es in Deutſchland be= ſonders troſtlos. Längſt wurde nicht mehr deutſch geſchrieben, wohl aber ein greuliches, aus germaniſchen und allerhand romaniſchen Sprachbrocken gemengtes Kauderwelſch. Die Be= hörden waren ſtolz und glücklich darüber, ein Mittel gefunden zu haben, das den „beſchränkten Unterthanenverſtand“ hinderte, den Sinn obrigkeitlicher Erlaſſe zu begreifen. Es lag im Weſen der Zeit, welche die größte Selbſtherrlichkeit für jeden Landesherrn als erſtes Staatsgrundgeſetz forderte, die Sprache

derart zu gestalten, daß sie nur dem engsten Kreise geläufig
sein konnte. Die Gebildeten griffen diese „Kanzleisprache"
begierig auf, galt sie ihnen doch als bestes Unterscheidungs=
zeichen von allem volkstümlichen Wesen, mit dem sie freilich
unwillkürlich jede Roheit zusammenlegen mußten.

Es fehlte nicht an Männern, die anders dachten und
selbst an den Höfen fanden sie sich vertreten. Aus ihren
Kreisen entwickelten sich die Sprachgesellschaften, von
denen man sechs kennt.*) Sie wollten die deutsche Zunge
rein erhalten, ihrem Verderbnis ein Ziel setzen. Die Hof=
luft, starrer Formelkram und verworrene Gelehrsamkeit ver=
nichteten alle Ergebnisse des edlen Zweckes. „Simplicissimus
sahe bei den Schweitzern unterschiedliche Esell und Maultier
mit Citronen, Lemonen, Pomerantzen und sonst allerhand
Wahren aus Italia über daß Gebürg kommen; da sagte er
zum Hertzbruder: Schawet umb Gotteswellen, diß ist der
Italiener fruchtbringende Gesellschaft." Der böse
Witz des alten Kriegsknechts zeigt, wie die öffentliche Meinung
den mißglückten Versuch aufnahm. — Wichtiger war es, daß
die Sprache der Dichter rein blieb von fremden Beimischungen
während die Stoffe dem welschen Schrifttum entnommen
wurden. Gedichtet haben unzählige deutsche Gelehrte des
siebenzehnten Jahrhunderts. Einfluß auf das Volk gewannen
sie nicht, und in vieler Hinsicht ist das sogar zu begrüßen.
Man lese z. B. nur die Erzeugnisse eines Christian Hoff=
mann von Hoffmannswaldau. Der schwülstige Ausdruck, die
gemeine Sinnlichkeit, das Gaukelspiel unwahrer Liebeshitze

---

*) Die „Fruchtbringende Gesellschaft" oder der „Palmenorden" (1617);
die „Aufrichtige Tannengesellschaft" (1633); die „Teutschgesinnte Gesellschaft"
(1643 - 1705); die „Gesellschaft der Hirten a. d. Pegnitz" (1644. Sie besteht
noch heute in anderer Form und zu geselligen Zwecken!); der „Elbschwanen=
orden" (1656); die „Deutschen Gesellschaften" (1697). —

verletzen jeden guten Geſchmack. Trotzdem müſſen derartige
Verſe die ſogenannten Gebildeten jener Zeit erfreut haben,
ſonſt hätte der breslauer kaiſerliche Rat ſchwerlich eine der=
artige Fruchtbarkeit entwickelt. Wie mag jedoch die „gute
Geſellſchaft“ in Deutſchland am Ausgange des ſiebenzehnten
Jahrhunderts beſchaffen geweſen ſein, welche ſich ſolche Hoch=
zeitsgedichte bieten ließ? —

Nur ein poetiſcher Zweig, das geiſtliche Lied näm=
lich, blühte vollauf. Immerhin ſehen wir, daß einzig Paul
Gerhardt den volksmäßigen Ton der Reformation anſchlägt.
Sein reformierter Gegenpart, Joachim Neander, erreicht trotz
des Wohllautes ſeiner Sprache, dieſen Vorzug durchaus nicht
in vollkommener Form.

Im Drama verwandelten ſich die engliſchen Komödien,
ſoweit ihre Erinnerung nicht durch die Kriegsläufe abgeblaßt
worden, in die roh ausgeſtalteten „Haupt= und Staatsaktionen.“
Das alte Faſtnachtsſpiel wurde zur platten Hanswurſtpoſſe,
welche womöglich noch gemeiner, zotenhafter war, wie jene.
Die vornehme Welt begnügte ſich mit ſchauerlichen, antikiſierenden
Trauerſpielen. Lohenſtein z. B. läßt in ſeinen Stücken peitſchen
foltern, köpfen, rädern und erwürgen, wenn er nicht gerade,
wie in der „Agrippina“, in den tiefſten Pfuhl der Scham=
loſigkeit untertaucht. Erträglich ſind dagegen die heiteren Luſt=
ſpiele des Andreas Gryphius, obgleich er hochtrabend vom
Volke redet.

Ob übrigens derlei Dichtungen zur öfteren Aufführung
gelangten, bleibt fraglich. Die Höfe ergötzten ſich bald nach
welſchem Muſter an den Opern und lüſternen Kunſttänzen.
Seit den Tagen des Kurfürſten Johann Georg II. von Sachſen
(1656—1680) wurde Dresden die hohe Schule für alle dieſe
Genüſſe. Die italieniſchen „Actricen“ aber gewannen ſchnell

einen unheilvollen Einfluß; denn aus ihren Reihen wählten die Mächtigen nicht allzu selten die „Freundinnen", deren Verschwendung die Völker in unendliche Schulden stürzte.

Die Hofnarren machten den Hofdichtern Platz, wenn sie nicht gerade durch Professoren, wie den Sachsen Taubmann oder den Preußen Gundling ersetzt wurden. Zu beschreiben gab es freilich viel; die Festlichkeiten an den Höfen überstürzten sich in ununterbrochenen Folge. Allen voran ging Sachsen. Für ein ganzes Jahrhundert fand sich in Dresden die größte Ueppigkeit, Pracht und Sittenlosigkeit vereinigt. Auf August den Starken, dessen ausgezeichnetste Thätigkeit das „galante Sachsen" genugsam beschreibt, folgte ein Brühl. In Württemberg beherrschte seit 1708 das Fräulein von Grävenitz den Herzog Eberhard Ludwig. Dem Nachfolger Karl Alexander stand der berüchtigte Jude Süß zur Seite. In drei Jahren erpreßten dieser und seine Umgebung über eine Million Gulden. Im Jahre 1738 betrug der Wildschaden, trotzdem mit der alten Jagdliebhaberei nicht mehr fortgefahren wurde, noch immer gegen eine halbe Million Gulden.

„Der deutsche Bürgersmann — sagt Schlosser — und wer sonst aus dem Jammer jener Zeit in den damals herrschenden Pietismus flüchtete, glaubte treuherzig, Verschwendung und Ausschweifung seien den höheren Ständen nach göttlichem Ratschluß zugeteilt, man ärgerte sich darüber nicht mehr."

Durch den westfälischen Frieden war wenigstens der Grundsatz: allgemeine Duldung, aufgestellt worden. Zwischen Katholiken und Protestanten blieb auch eine gewisse Scheidemauer aufgerichtet, dagegen befehdeten sich die beiden Richtungen der letzteren nach wie vor auf das bitterste. In Berlin wurde das Gezänke unter ihnen derart lebhaft, daß Kurfürſt Friedrich Wilhelm ernſthaft einſchreiten und den ſtarrköpfigen Lutheraner Paul Gerhardt (1665) des Landes verweiſen mußte.

Für die Wiſſenſchaft blieben vorerſt die Niederlande maßgebend. Hier war ja der dreißigjährige Krieg im Nach=barlande ein Mittel geweſen, die bürgerliche Wohlfahrt durch gute Handelsgeſchäfte zu heben. Von den holländiſchen Hoch=ſchulen ging die Naturerkenntnis aus, welche nun in Deutſch=land ebenfalls Fortſchritte machte. Der wackere Magdeburger Bürgermeiſter Otto von Guericke (1602—1682) gab der Phyſik die wiſſenſchaftliche Grundlage. Er fertigte die noch heute in Berlin aufbewahrte erſte Elektriſiermaſchine und die wirkſame Luftpumpe (1654), deren Leiſtungen, in Form der bekannten aneinanderhängenden Halbkugeln, damals das größte Aufſehen erregten. Die Heilkunde nahm die Lehren Harvey's von dem doppelten Blutumlauf an. Ihr deutſcher Verkünder W. Rollfink erwarb ſich durch ſeinen Eifer, die Zergliederungs=kunſt zu üben, eine ſonderliche Volksberühmtheit. Das „Roll=finken" blieb noch bis in unſere Zeit hinein ein Schreckensaus=druck. In Johann Rud. Glauber (1604—68) aus Karlſtadt fand ſich ein begeiſterter Chemiker. Sein Salz (ſchwefelſaures Natron) gelangte in die Apotheken, ſein bedeutſames Streben aber, zu „Deutſchlands Wohlfahrt des Landes natürliche Hilfs=quellen" zu öffnen, fand keine Beachtung.

Deſtomehr erlangte die ſchwindelhafte Jatrochemie, die Suche nach dem Unſterblichkeit verleihenden Lebensſafte, den Beifall aller Stände. Kein Chemiker durfte ſich ſolchen Auf=trägen entziehen, wollte er nicht in den Ruf der Unwiſſenheit kommen. Natürlich ward auf dieſe Weiſe dem Aberglauben Thür und Thor geöffnet. Immerhin erfuhr die Wiſſenſchaf=

doch manche Bereicherung. Johann Joachim Becher, ein geist=
voller Hochstapler, nahm (1681) in England die erste Schutz=
schrift heraus für die heute so wertvolle Steinkohlentheer=
Destillation. Auch nutzte er bereits die Coke. Der Apotheker
Brandt in Hamburg (1669) stellte den Phosphor dar. Sein
Freund Kunkel, dem der große Kurfürst auf der Pfaueninsel
bei Potsdam eine Goldmacherwerkstatt einrichtete, aus der dann
das herrliche Rubinglas hervorging, veröffentlichte das Ver=
fahren. Das Eisencyanürcianid (Berlinerblau) entdeckte Dies=
bach in Berlin (1704).

Zu der weißen Glasur mit blauem Schmuckwerk der
Steingutgefäße, welche nach der Mitte des Jahrhunderts be=
kannt ward, trat 1709 das von dem unglücklichen Goldmacher
Bötticher, dem Gefangenen auf der Albrechtsburg in Meißen,
erfundene Porzellan. Es trug nicht wenig dazu bei, die von
August II. und seinen Günstlingen geleerten Landeskassen
wieder zu füllen. Friedrich II. von Preußen nutzte die erste
Besetzung Sachsens durch seine Truppen auch in der Rich=
tung, daß er das bis dahin ängstlich bewahrte Geheimnis der
Porzellanerzeugung in seine Gewalt brachte. Andererseits ließ
Friedrich, der erste preußische König, einen „Goldmacher"
hängen, wobei der Galgen, wie der Rock des Betrügers mit
Flittern geschmückt wurden.

„Das siebenzehnte Jahrhundert kannte und erfuhr bereits
den Uebergang vom Werkzeuge des Arbeiters zur unabhängigen
Arbeitsmaschine, zum automatischen Werkzeuge, welches
den Menschen beseitigte. Es war natürlich, daß die Obrig=
keiten, denen aus allerhand Gründen das Wohl der Hand=
arbeiter nicht gleichgiltig sein konnte, darauf hielten, daß solche
Erfindungen nicht allzuviel leisteten". (K. Grün.) Diesem
Streben entsprach die schreckliche Ermordung des Anton Moll

in Danzig, der 1680 eine Bandmaschine erfand, welche vier
bis sechs Gewebe auf einmal fertigte. Aus dem Jahre 1685
stammt das Verbot der Strickmaschine. Der französische
Physiker Denis Papin mußte es (1707) erleben, daß die
Fischer zu Fulda sein „Zauberwerk", einen wirklichen Rad-
dampfer, in Stücke schlugen.

Zum Glück konnten rohe Massen die Fortschritte auf
rein geistigem Gebiete nicht aufhalten. Samuel Pufendorf (1632—1694) bezeichnet in seinen Schriften den Ausgangspunkt der Aufklärung. Natürlich schrieb er, der doch
Deutschlands Einigkeit erseufzte, dem der Fall Straßburgs
tief zu Herzen ging, zumeist lateinisch. Aber er versetzte
dabei dem römischen Rechte die ersten tötlichen Schläge. Die
Theologen lehrte er, daß nicht der Katechismus, sondern die
sittliche Natur der Menschen die ausschließliche Rechtsquelle
sei. Die Historiker erfuhren von ihm, wie man Beobach-
tungen und Forschungen auf dem Gebiete der Geschichte an-
stellen müsse.

Seine hohen Staatsstellungen schützten Pufendorf vor
den Folgen derartiger Ketzereien. Uebrigens verharrten die
deutschen Hochschulen nach wie vor ungestört in „Roheit,
Gemeinheit und barbarischer Gelehrsamkeit". Die Lateinschulen blieben bei ihrem Gallimathias, obwohl Christian
Weise (1642—1708), der Zittauer Rektor und Dramatiker,
das Deutsche auf seiner Anstalt einführte, wo bis dahin auch
in den Spielstunden lateinisch gesprochen worden war.

Unsere Zeit ist gewohnt, in der pietistischen Richtung
das später sich leider so sehr bemerkbar machende Muckertum
zu erblicken. Die älteren Pietisten sind jedoch wohl von
den jüngeren zu unterscheiden. Während die Unsittlichkeit an
den Höfen ihre Stätte fand, im kirchlichen Wesen der dunkelste

Dogmenglauben herrſchte, das Volk entweder in Roheit oder
ſonſt in Anbetung alles Fremdländiſchen verſunken war, lebten
die Pietiſten rein, bewieſen ein werkthätiges Chriſtentum
und ſchrieben Deutſch.

Während Philipp Jakob Spener (1635—1705) die
Glaubenslehre vom Schulzwange befreite, ſtiftete der Lübecker
Auguſt Hermann Franke (1663—1727) das nach ihm be=
nannte Waiſenhaus in Halle. Freilich wurde dieſe Anſtalt
nachmals zur Brutſtätte einer ungeheuerlichen Geiſteſknechtung.
Der Verfall des Pietismus erklärt ſich leicht aus der That=
ſache, daß ſeine Anhänger wenig Sinn für weltmänniſche
Feinheit beſaßen. Von Anfang an wendeten ſich die höher
Gebildeten den Deiſten Englands, den Glaubensſpöttern
Frankreichs zu. Als Gegenwirkung mußte es dahin kommen,
daß der Pietismus ſich in eine kalte, heuchleriſche Frömmigkeit
verkehrte.

Gottfried Wilhelm Leibniz (1646—1716), der viel=
ſeitige Gelehrte und tiefe Denker, der Gründer der Akademieen
von Hannover und Berlin, iſt neben Pufendorf der einzige
Vertreter deutſcher Wiſſenſchaft geweſen, welcher auf die Hof=
kreiſe und die Vornehmen einigen Einfluß ausübte. Darum
wurde er auch meiſtens gezwungen, zur franzöſiſchen Sprache
ſeine Zuflucht zu nehmen. Die klaren einſichtsvollen „Deutſchen
Schriften" erfuhren bei den Höflingen nur wenig Beachtung.
Anerkennung fanden ſie überhaupt erſt in unſerm Jahrhundert.
Leibnizs feines Weſen hätte ſich an anderen Orten als auf
dem glatten Parketboden der Schlöſſer niemals wohl gefühlt.
Um den Kampf mit den damaligen Profeſſoren zu führen,
bedurfte es vollends gröberer Naturen.

Es war Chriſtian Thomaſius aus Leipzig (1655 bis
1728), der den Hohenprieſtern einer einſeitigen Wiſſenſchaft

den Fehdehandschuh hinwarf. „Er begann seine Laufbahn
damit, daß er die Deutschen ermunterte, den Franzosen nach=
zueifern und ihre Sprache und Litteratur zu studieren, statt
ihre Zeit mit dem elenden Schullatein zu verderben, welches
man damals zu treiben pflegte". Im Todesjahr des großen
Kurfürsten wagte es Thomasius gar, seine Vorlesungen deutsch
anzukündigen und in deutscher Sprache zu halten. Obwohl
anfangs versucht ward, die kühne Neuerung unmöglich zu
machen, erlebte der wackere Mann doch die Freude, daß nach
wenigen Jahrzehnten die meisten Hochschullehrer seinem Bei=
spiele folgten. Die wichtigste und erfolgreichste Thätigkeit
entwickelte der große Rechtsgelehrte in seinem Kampfe gegen
die Folter und die Hexenprozesse. Diese verschwanden, bis
auf einige Ausnahmen, zum Glück ziemlich schnell aus den
Gerichtsverhandlungen, jene blieb leider noch lange Jahre
erhalten. Friedrich der Große hob die Folter bei seinem
Regierungsantritt in Preußen (am 3. Juni 1740) auf. In
Hannover ward sie aber um 1820 mehrfach wieder in An=
wendung gebracht und zwar selbst bei weiblichen Untersuchungs=
gefangenen. Grausame Hinrichtungen finden sich bis in die
Mitte unseres Jahrhunderts; 1786 und 1813 flammten in
Berlin noch einmal Holzstöße für Mordbrenner, am Ende
der dreißiger Jahre ist auf dem dortigen Gartenplatze zum
letztenmal gerädert worden. Den Tod am Galgen fanden
unter Friedrich Wilhelm I. von Preußen (1713—1740) eine
ganze Anzahl kleiner Diebe, die heute mit wenigen Tagen
Gefängnis gebüßt werden würden.

Der ehrlose Tod durch den Strang bedrohte selbst einen
großen Gelehrten, den Hallenser Professor Christian Wolf
(1679—1754). Er ist der erste deutsche Philosoph der Neu=
zeit gewesen, welcher mit klarer Vernunft „von Gott, der

Welt und der Seele des Menschen sprach". Er wagte es, die Lehren des „Heiden" Kongfutse in Schutz zu nehmen, und dies genügte den Verteidigern der pietistischen Hochburg Halle, den Unvorsichtigen in Acht und Bann zu thun. König Friedrich Wilhelm I. glaubte der Anzeige der Eiferer, daß Wolf die Fahnenflucht von Soldaten für nicht strafbar er= achte. Wegen „Lehren wider die im göttlichen Worte ge= offenbarte Religion" ward der Professor angehalten, Preußen bei Strafe des Stranges sogleich zu meiden. Immerhin hat der König das begangene Unrecht später eingesehen. Sein großer Sohn berief Wolf (1740) wieder zurück und ernannte ihn zum Geheimrat, sowie zum Vizekanzler der Universität, später gar zum Kanzler und endlich zum Freiherrn — haupt= sächlich aus dem Grunde, die dortigen Dunkelmänner von der königlichen Machtvollkommenheit zu überzeugen.

Die Gestalt Friedrich Wilhelms I. kann in einer Deutschen Kulturgeschichte nicht wohl übergangen werden. Sie bildet eine eigentümliche Figur unter den fürstlichen Gewalt= habern jener Tage. Der Herrscher, welcher Modenärrinnen und Juden prügelte, zugleich aber von ihnen verlangte, sie sollten ihn lieben aber nicht fürchten, hat besonders durch die Lebenserinnerungen seiner Tochter, der Markgräfin von Bay= reuth, eine üble Beleuchtung erfahren. Sein Deutschtum war freilich mit einer gehörigen Zugabe von Roheit gemischt. Seine Selbstherrlichkeit, die dem Adel gegenüber den „rocher de bronce der Souverainetaet" aufrichten wollte, zeigte sich auch in den kleinlichsten Dingen. Niemals sind die Dienst= boten z. B. unfreier gehalten worden, wie in dem damaligen Preußen.*) Das Eingreifen des Königs in die Rechtspflege

---

*) Welche Mißachtung menschlicher Rechte spricht nicht aus dem Erlaß, der bestimmt, daß „die ungehorsamen und trotzigen Mägde, die sich auf ihre

wie in die Verwaltung war nicht immer von guten Folgen begleitet. Seine Militärleidenschaft, vornehmlich die unnütze Riesengarde, kostete nicht nur gewaltige Summen, sondern verschlechterte auch geradezu die Sitten infolge der erzwungenen Ehelosigkeit der Kriegsknechte. Für höhere Bildung zeigte der Vorsitzende des bekannten Tabakskollegium nicht die geringste Neigung. Daß er die Professoren durch solche Narren, wie Gundling und Morgenstern, verhöhnte, war noch nicht schlimm; daß er Schauspieler und öffentliche Vorstellungen, mit Ausnahme jener von „starken Männern" und anderen Gauklern, nicht leiden konnte, verstand sich bei seiner redlichen Sittenreinheit. Wie groß ist nicht des Königs Schmerz gewesen, als er erfuhr, daß sein Erbe bei dem dresdner Besuche in die Netze der sächsischen Lucrezia Borgia, der Gräfin Orselska fiel. Das gab wohl den ersten Anlaß zu allen jenen Demütigungen, die Friedrich dann zum Fluchtversuche drängten.

In einer Zeit jedoch, wo die übrigen deutschen Fürsten ihre vornehmste Beschäftigung darin fanden, Land und Leute zu verderben, bewies sich Friedrich Wilhelm als ein vollkommener Mann, der bürgerlich hausväterische Sitten auf die Staatsgeschäfte übertrug. Bei seiner Thronbesteigung gründete der König die großartige berliner Tuchfabrik. Unablässig bemühte er sich die Bauthätigkeit zu heben.

„Der Kerl hat Geld, muß bauen," hieß es, und das landesväterliche Beispiel sorgte neben dem Stocke für die Nachachtung des Befehls. So entstanden Neu=Berlin, das

---

große Charitee-Krankenhaus, das Militärwaisenhaus und das holländische Viertel in Potsdam.

Die Volksschule erfuhr eine weit kräftigere Unterstützung als ihr Friedrich II. je zuteil werden ließ, der seine invaliden Unteroffiziere als Jugendlehrer verwendete. Der Schulzwang des Soldatenkönigs bildete die Grundlagen, auf denen der edle Rochow ein halbes Jahrhundert später weiterbaute.

Wenngleich Friedrich Wilhelm I. nur immer „den Hahn spannte, aber niemals losdrückte," wie die Schranzen in der wiener Hofburg höhnten, so schuf er doch den preußischen Militärstaat. Freilich, von 7½ Millionen Thalern Einkünften verbrauchte das Heer — es waren schließlich 83 000 Mann — fast 6 Millionen. Die preußische Infanterie übte unter der Anleitung des alten Dessauers zum ersten Male wieder ein wirkliches Exerzieren. Ihre Feuerwaffe führte den vom genannten grimmigen Drillmeister erfundenen eisernen Ladstock, der nachmals bei Mollwitz (1741) nicht wenig zum Erringen des Sieges beitrug. Der gemeine Mann, angeworbene oder gepreßte Leute, die meist der Hefe des Volkes entstammten, unterlag den grausamsten, aber durch die Verhältnisse bedingten Strafmitteln. Die Offiziere, Söhne des armen Landadels, wurden durch den Dienst, der ihnen schließlich in höheren Stellen ein auskömmliches Leben gewährte, an den Thron gefesselt. In hervorragender Weise wußte schon der damalige Offizier zu zeigen, daß er ein Ehrenmann sei — sehr im Gegensatze zu den in den übrigen deutschen Heeren allgemein geltenden Anschauungen. Der König selbst betrachtete seine soldatischen Diener von abliger Geburt als höhere Menschen; kein Wunder, daß auch der jüngste Fähnrich den größten Stolz darein setzte, ritterlich zu handeln.

Dienstag, den 31. Mai 1740 starb der König. Für

Preußen-Deutschland begann ein neues Zeitalter, das der wirklichen Aufklärung. Ihr vollkommenster Vertreter bestieg den Hohenzollern-Thron, fest entschlossen, unbedingte Denk- und Glaubensfreiheit in seinen Staaten zu gewähren. Die erwachenden Kräfte des deutschen Volkes kamen ihm dabei zu Hilfe. Es wurde möglich, der allgemeinen Kultur neue Ausgangspunkte zu geben.

Unterdessen war das Schrifttum in Gefahr gewesen, wieder zu verflachen und ein wissenschaftliches Spielzeug der Gelehrten zu werden. Gottsched, der Verkünder von der Heilslehre der Nachahmung französischer Beispiele, blieb auf halbem Wege stehen. Mit der Neuberin zusammen hatte er den Hanswurst von der Bühne gejagt, dazu aber auch alle und jede Volkstümlichkeit vernichtet. Nach seinem Streite mit den Schweizern gefiel sich Gottsched in der Beschützerrolle der plattesten alltäglichen Dichtkunst. Von ihm durfte die Kritik keine weitere Ausbildung und Förderung erwarten.

Bedeutsam für diese Periode sind die vielen Zeitschriften, welche urplötzlich entstanden. Obwohl sie den politischen Ereignissen keine Beachtung schenkten, regten sie durch ihren Inhalt doch unwillkürlich die Oeffentlichkeit zum Denken an. Jedenfalls wehte der Geist der Freiheit über der Thätigkeit der Männer, die der steifen Fachgelehrsamkeit den Fehdehandschuh hingeworfen. Unendlich viel gewannen Sprache und Wissenschaften. Von Gottsched empfing unsere Zunge die Klarheit und Natürlichkeit, von Albrecht Haller die Kürze und die Kraft, von Hagedorn die Anmut. Lessing schmiedete aus diesen Grundstoffen das vollkommene Neuhochdeutsch, dessen wir uns seitdem erfreuen.

Unter den Wissenschaften machte sich der freiere Geist der Forschung, aber leider auch nicht selten der planlose Ver-

such geltend. Besonders die seit Comenius so arg vernach=
lässigte Erziehungswissenschaft (Pädagogik) wich nicht selten
von der mehr oder weniger klar vorgezeichneten Bahn der
Entwickelung ab.   Der Gedanke, daß die bisherige Kinderzucht
mit ihrem geistlosen Eintrichtern von Glaubenssätzen, den grau=
samen Züchtigungsarten, nicht mehr genüge, lag allen Ein=
sichtigen am Herzen.   Im Jahre 1765 erschien von dem da=
maligen dänischen Professor Johann Bernhard Basedow (1723
bis 1790) das „theoretische System der gesunden Vernunft“,
eine den Universitätsunterricht und seine möglichen Ver=
besserungen beschlagende Schrift.   Diese fand Anklang, und
ihr Verfasser, einer der begeistertsten Anhänger der Gedanken
J. J. Rousseau's über die Erziehung, fühlte sich zu weiteren
Schriften ermutigt.   Stetsfort griff Basedow die „Zions=
wächter“, d. h. die Strenggläubigen an, und diese säumten
nicht, ihn durch den Senat seiner Vaterstadt Hamburg ver=
folgen zu lassen.   Dadurch ward aber die öffentliche Meinung
für Basedow gewonnen.   Ganz Europa schien schließlich An=
teil an seinem Werke der Verbesserung des Unterrichtswesens
zu nehmen.   Schon im Mai 1771 hatte er für die Aus=
führung seiner Pläne die ansehnliche Summe von fünfzehn=
tausend Thaler beisammen, fünf Jahre später veranstaltete das
zu Dessau errichtete „Philanthropium, eine Schule der
Menschenfreundschaft und guter Kenntnisse für Lernende und
junge Lehrer, Arme und Reiche“, die bekannte öffentliche
Prüfung.   Obwohl die sonderbare Anstalt zunächst vielen Bei=
fall fand, trug sie den Keim ihres Unterganges von Anfang
an in sich; denn auch im Philanthropium herrschte mehr die
Abrichtung, wie die wahre Geistesbildung.   Basedow ver=
sah sich überdies durch seine Zänkereien und seine Trunksucht;
1784 ging die Dessauer Schule ein.

Diese hatte jedoch eine Anzahl Lehrer in ihren Mauern gesehen, welche, jeder nach seiner Art, auf den Gedanken Basedows weiterbauten. Joachim Heinrich Campe, der Er= zieher der beiden Humboldts, begann in Hamburg seine Thätigkeit. Christian Gotthilf Salzmann errichtete (1784) in Schnepfenthal bei Gotha eine bald vielbesuchte Erziehungs= anstalt, deren Lehrer Friedrich Guts Muths (1795) die Grundlagen des heutigen Turnwesens entwickelte.

Für das Volk auf dem platten Lande und seine geistige Hebung wirkte in dem Baden des edlen Markgrafen Karl Friedrich der nachherige Frankfurter Stadtsyndikus J. H. Schlosser („Sittenlehre für das Landvolk", 1771). Der halberstädter Domherr von Rochow auf Rekahn errichtete dort eine Musterschule für Landschullehrer und schrieb auch selbst ein ausgezeichnetes Lehrbuch für die Bauern. Leider wurde die Neigung der Oeffentlichkeit, sich von all dem alten Zwange und der Geistesknechtung zu befreien, nicht selten eine Quelle der Gaunerei. Der berüchtigste dieser gewissen= losen Menschen, die mit dem Höchsten ihre schmutzigen Leiden= schaften unterstützten, ist C. F. Bahrdt gewesen.

In Johann Heinrich Pestalozzi aus Zürich (1746 bis 1827) fand die neue Erziehung ihren wahren Begründer („Lienhard und Gertrud" 1781), der einzig aus Hingebung an die Sache selbst, in seiner Aufopferungsfähigkeit, seinem kindlich frommen Sinne, zum Wohlthäter der Menschheit ward.

Im Laufe des Jahrhunderts besserten sich auch die Sitten der Studentenschaft, wenigstens auf den größeren Hochschulen. Göttingen, das 1737 entstand, zeichnete sich vornehmlich aus; auch in Leipzig waren die jungen Leute bemüht, ehrbar zu leben. In Halle blühte, im Gegensatze zu dem krankhaften Pietismus, die größte Ausschweifung. Der einflußreiche Professor Klotz begünstigte sogar jede Art von Liederlichkeit, der oben erwähnte „Doktor" Bahrdt hielt dort eine übel berüchtigte Wirtschaft. Immerhin macht sich der Unterschied zwischen den Tagen des unseligen Joh. Christ. Günther (1695—1723) und dem göttinger Hainbunde deutlich bemerkbar. Die Roheit der Landsmannschaften stieß alle feiner besaiteten Gemüter ab. Selbst die Studenten konnten sich nicht immer der Rührseligkeit ihres Zeitalters entziehen. Es kam vor, daß Biergelage überschwänglichen Trauerfeierlichkeiten glichen. Andererseits machte sich durch Klopstocks (1724—1803) Einwirken eine oft unwahre, roman= hafte Deutschtümelei geltend. Die Jugend dichtete Barden= gesänge und schwärmte für Hermann den Befreier, ohne aber im späteren Leben diese Bahn weiter zu verfolgen.

Die verschiedenen Vaterländer des sterbenden heiligen römischen Reiches konnten aber in der That niemanden be= friedigen, der einigen Stolz bewahrt hatte. In Preußen war nach Beendigung des siebenjährigen Krieges ein Geschlecht erwachsen, das in Friedrich dem Großen geradezu einen Halbgott sah. Dabei beherrschte der nüchterne Vernunft= glauben (Rationalismus) des Buchhändlers Christoph Friedrich Nicolai (1733—1811) die Kreise der gebildeten Bürgerschaft. Moses Mendelssohn (1729—1786) blieb trotz aller Auf= klärung mit vollem Bewußtsein ein frommer Jude, um die Interessen seiner Glaubensgenossen nicht zu schädigen, ihre Vorurteile nicht zu belästigen. Der große König, dem noch immer ein Gundling als das Muster deutscher Gelehrsamkeit, ein Canitz als Vertreter deutscher Dichtkunst vorschwebte, hatte für die Entwickelung des vaterländischen Schrifttums kein Verständnis. Lessing verkörperte wohl in sich das edelste und reinste Preußentum, doch fand er in Berlin keine zu=

sagende Beschäftigung. Zum Glück vermochte sein Scharfsinn, seine glänzende Thätigkeit auf All-Deutschland Einfluß zu gewinnen.

Nach Friedrich II. Tode begannen trübe Zeiten für Preußen. Minister Wöllner erließ (1788) das berüchtigte Religionsedikt, der General von Bischoffwerder beherrschte den gutmütigen Friedrich Wilhelm II. (1786—1797) durch Geistererscheinungen und anderes Gaukelspiel, die Lombards und Lucchesini verrieten den Staat, ein Möllendorff, ein Herzog von Braunschweig mußten alle wirklichen Verbesserungen im Heerwesen zu verhindern. Die Hofkreise und auch das wohlhabende Bürgertum verfielen mehr und mehr in leichtfertige Genußsucht. Kunst und Wissenschaft gingen zurück. Genug, das alte Preußen bestand längst nicht mehr, als die Ereignisse von Jena und Auerstädt eintraten.

Noch viel schlimmer lagen die Dinge in den Kleinstaaten. Die Kriege Englands gaben den willkommenen Anlaß zu dem scheußlichen Soldatenhandel, dessen berühmtestes Opfer der edle Joh. Gottfr. Seume (1763—1810) geworden ist. Im ganzen wurden an dreißigtausend Deutsche nach Amerika verkauft, um die Prachtliebe ihrer Landesherren zu befriedigen.

In Württemberg, wo Karl Eugen als Herzog schaltete, ward jeder Versuch, die alten, ständischen Rechte zu wahren, mit Kerkerhaft bedroht. Joh. Jakob Moser (1701—1785) und Daniel Schubart, der erste deutsche Journalist (1743 bis 1791) bezogen den Hohen-Asperg. Der Herzog änderte sich erst, als seine Geliebte, das gute „Fränzel" (Franziska von Hohenheim) Gewalt über ihn bekam. Aus seinem tyrannischen Sinne heraus entstand die Karlsschule, die Folteranstalt für den jugendlichen Geist Schillers.

In Baiern herrschten die Jesuiten. Noch nach der

Mitte des Jahrhunderts spielten dort Hexenprozesse; unter
anderm wurden hier zwei dreizehnjährige Mädchen als
Zauberinnen am Leben gestraft. Erst Kurfürst Max Joseph
hob die Strafrechtspflege der Klöster auf.

Karl Theodor von der Pfalz, fortwährend in ärgerliche
Liebeshändel verstrickt, verblieb bis an sein Lebensende in den
Händen eines jesuitischen Beichtvaters. Viele Bischöfe ver-
suchten den Orden, auch nach Erlaß der päpstlichen Auf-
hebungsbulle, zu schützen.

Andererseits verfiel die Freimaurerei in Wunderglauben
und Spiegelfechtereien. Aus jener Zeit schreibt sich auch das
geheimnisvolle Wesen her, mit dem die Logen bis jetzt umgeben sind. Die abergläubische Furcht und Scheu vor der,
sonst so reinen, edlen Zwecken dienenden Brüderschaft hängt
enge zusammen mit den Erscheinungen, welche das vorige
Jahrhundert darbot.

Pater Gaßner trieb (1775—1879) die Wunderheilkunde
und die Teufelsaustreibung. Lavater (1741—1801), der
Physiognom, glaubte an die Wunderkraft seines Gebetes.
Während die Aerzte Unzer in Altona und Deimer in Amster-
dam den wissenschaftlichen Magnetismus erklärten, verkündete
Dr. Mesmer (1734—1815) von Wien aus den mystischen.
Der Geisterbeschwörer Schräpfer in Leipzig erschoß sich, als
man seinen Betrügereien auf die Spur kam. Ein sogenannter
Graf von St. Germain gewann große Vermögen mit dem
Verkauf von Lebenssäften und anderen angeblichen Heilmitteln.
Den größten Beifall fand der, auch durch Goethe und Elise
von der Recke bekannte Sizilianer Balsamo oder Cagliostro.
Er kam als „Freimaurer" schließlich (1795) in den furcht-
baren Brunnenkerkern der romagnolischen Burg St. Leo als
eines der letzten Opfer der Inquisition um.

Von den vielen schwärmerischen Glaubenssekten erhielt sich bis heute die von Swedenborg gegründete, welche in Deutschland manchen Anhänger fand. Der Baron von Hund suchte einen ritterlichen Freimaurerbund zur Blüte zu bringen. Er gab sich als Bewahrer des angeblichen Tempel= herrngeheimnisses aus und errichtete die nur vom höchsten Adel besuchten Logen der „strikten Observanz". Die braun= schweiger und darmstädter Fürsten leisteten darauf den Eid. In Baiern bestand der Illuminatenorden, der wenigstensdie Aufklärung wollte. Er erlag schließlich der Verfolgung durch die jesuitische Regierung, nachdem er selbst längst im Innern zerfallen war.

Aus dem großen Kreise der Höfe ragten besonders Weimar und das kleine Bistum Konstanz als leuchtende Punkte hervor. Hier wirkte als kirchlicher Reformator im besten Sinne des Wortes der edle Heinrich, Freiherr von Wessenberg (1774—1860), ein wahrer Nachfolger auf der Bahn, die Kaiser Joseph II. (1780—1790) betreten, aber vergeblich versucht hatte, bis zum Ende zu beschreiten. In Weimar herrschte Karl August (1775—1827), und um ihn scharten sich die Männer, die wir als die Vertreter des klassischen Zeitalters unseres Schrifttums nennen.

In Rücksicht auf die Hebung der materiellen Kultur stand Preußen wieder obenan. Der siebenjährige Krieg kostete das Land bei anderthalb hundert Millionen Thaler. So mußte es des Königs erste Sorge nach geschlossenem Frieden sein, die geschlagenen Wunden zu heilen. Neben einer umfassenden Sorge für die Landwirtschaft, welcher der Kartoffelbau (1770) gesetzlich aufgezwungen wurde, ging die Hebung des Gewerbes. Zum Nutzen des Handels entstand die königliche Bank (1765) und die sogenannte Seehandlung (1772)

Was die rechte Hand des Staates gab, zog die linke in ziemlichem Umfange wieder ein. Um das Kadettenhaus zu unterſtützen, duldete der König das Lotto. Um Geld für das Heer zu gewinnen, nahm der Staat den Alleinverkauf von Salz, Tabak und K a f f e e in die Hand. Gerade das letztere Genußmittel war, je länger je mehr, ein Lieblings= getränk von Arm und Reich geworden. Ueber Wien gelangte der Kaffee ſchon im ſiebenzehnten Jahrhundert nach Deutſchland, und ſeine Bedeutung beſtand darin, daß er die Trunkſucht der Maſſen verminderte.*)

Beſonders verhaßt waren dem preußiſchen Volke die Lebensmittelſteuern (accise) und ihre Eintreiber, deren Oberſte Franzoſen geweſen ſind, welche je eine faſt dreifach höhere Beſoldung, wie die ſonſt für Miniſter übliche empfingen. Die Zöllner (traitans), ganz gemeine Geſellen, ſpähten überall umher, etwaige Kaffeebrenner, die die Steuer nicht bezahlt hatten, zu entdecken. „Jeder mußte ſich gefallen laſſen, daß, wenn es einem inſolenten Franzoſen gefiel, bei Tage oder Nacht Zoll= oder Accisbeamten in ſein Haus eindrangen, Zimmer, Gewölbe, Keller, Kiſten und Schränke, wie bei Dieben durchſuchten." Der König blieb taub gegen alle Klagen. „Ich habe in meiner Jugend Bierſuppe gegeſſen," — ſagte er einmal. „Das ſollten die armen Leute auch thun, dann wird das Geld ferner nicht aus dem Lande gehen." Uebrigens erließen verſchiedene kleine deutſche Herren ſogar das Verbot an die Bauern und Bürger, Kaffee zu trinken. In Han= nover ward der Verordnung durch harte Strafen Nachachtung verſchafft. In Preußen wurden Invaliden mit monatlich

---

*) Die erſten Kaffeehäuſer fanden ſich in Wien (1683), in Regensburg, Nürnberg, Hamburg (1686/87), in Stuttgart (1712), in Augsburg (1713). — Der Thee kam erſt am Ende des achtzehnten Jahrhunderts in allgemeinen Gebrauch. Die Schokolade galt für ein Genußmittel, welches ſich nur reiche Leute erlauben durften

„6 Thaler Tractament" und Zusicherung von Spürbelohnungen als „Kaffeeschnüffeler" angestellt. Die Verkäufer von gebranntem Kaffee mußten drei Jahre die Karre bei Festungsbauten schieben! — Als der Herzog Ferdinand von Braunschweig den König auf die bezüglichen Klagen des Volkes mit einigem Freimut aufmerksam machte, fiel er in Ungnade.

Dagegen erwarb sich Friedrich die größten Verdienste um das Rechtswesen. Zwei Jahre vor seinem Tode (1784) erschien das berühmte, unter der Leitung des Großkanzlers von Carmer ausgearbeitete, allgemeine preußische Landrecht. Es beseitigte mit einem Schlage die vielen oft widersinnigen Rechtsgrundsätze einer früheren Zeit und schuf die Möglichkeit für den Richter, menschlich und sachlich richtig zu urteilen.

Welcher Gegensatz bestand nicht zwischen der Ehrenhaftigkeit des preußischen Justizstandes und der verrotteten Verwaltung des Reichskammergerichtes in Wetzlar, welches der Volksmund mit bitterem Hohne als den „Reichsjammer" bezeichnete. Selbst ein Joseph II. bemühte sich vergeblich, Ordnung in diese Anstalt zu bringen, deren zögernde Entscheidungen gleicherweise durch den Mangel an Arbeitskräften, wie die elendeste Bestechung der urteilenden Stimmen bedingt war.

Das Räuberunwesen dauerte, trotz einiger Polizei, im Reiche ungestört weiter. Der Sonnenwirt, den Schiller als den „Verbrecher aus verlorener Ehre" unsterblich machte, war noch nicht der schlimmste seines Zeichens. Gräßliche Schandthaten verübten die Banden der „Bockreiter", des „Krummfinger-Balthasar", des „bayrischen Hiesel" u. a. m. Da jeder Fürst, jede Reichsstadt ihr einige Morgen großes Gebiet strenge vom „Ausland", d. h. dem übrigen Deutschland sonderten, blieb es der Gaunerschaft ein leichtes, jahrelang sichere Schlupfwinkel zu finden. Die Oeffentlichkeit liebte es sogar, das Treiben von derartigen Verbrechern in dem verklärenden Lichte der Räuberromane zu erschauen, von denen, besonders nach dem Erscheinen von Schillers Jugendwerk, eine gewaltige Anzahl auf den Büchermarkt geworfen wurden.

Es läßt sich überhaupt mit Bestimmtheit nachweisen, daß der Einfluß, den die Dichter, wie Schriftsteller auf die Oeffentlichkeit ausübten, ein ungleich höherer war, als dies heute der Fall ist. Bis auf das rein seelische Empfinden erstreckte sich die Macht. Rousseau's „Heloïse" gab den Anstoß zur gefühlvollsten Naturschwärmerei, Goethe's „Werther" trieb eine Menge wahnsinnig gewordener junger Männer zum Selbstmord.

Die Empfindung für wirkliche Naturschönheiten besaßen weder das Altertum noch auch das Mittelalter. Erst die großen Landschaftsmaler der Niederlande und Italiens im siebenzehnten Jahrhundert liefern den Beweis, daß für diese Art der Ausbildung des menschlichen Geistes eine neue Zeit angebrochen war. Die große Menge verharrte jedoch bis gegen die Mitte des achtzehnten Jahrhunderts bei der Meinung des viel gelesenen Italienfahrers J. G. Keyßler (1729—1731), der die flache, reizlose, aber wohl angebaute Gegend um Mantua „angenehm", das Gebirge der Alpen meistens „armselig und schrecklich" befand.

Die „Alpen" von Albrecht Haller (1708—1777), welche um 1729 entstanden, können nur höchst bedingt als eine wirkliche Naturschilderung aufgefaßt werden.*) Klopstock be-

---

*) Anschaulichkeit kann man dem Bilde, das Haller vom Staubbach entwirft, gerade nicht nachrühmen. Er schreibt nämlich:

„Hier zeigt ein steiler Berg die Mauer-gleichen Spitzen,

„Ein Wald-Strohm eilt dadurch, und stürzet Fall auf Fall.

geisterte sich für die Lieblichkeit des Landschaftsbildes am Züricher See (1750), besaß jedoch nach J. J. Bodmers Bemerkung „keine Neugierigkeit, die Alpen von Weitem oder in der Nähe zu betrachten." Das abschätzende Urteil über die Schönheiten der Eisgebirge erhielt sich bis in unser Jahrhundert; Chateaubriand (1769—1858) ist ein leuchtendes Beispiel dafür.

Die Naturbewunderung, welche freilich schnell in süßliche Empfindelei ausartete, entsprang dem Streben, der Entartung und Ueberkunstung des gemeinen Lebens zu entfliehen. Man suchte in den Eiswüsten sogar, wie St. Preux in seiner Einsiedelei am Meillerie, „einen Zufluchtsort in der Wildnis, voll von jenen Schönheiten, die nur gefühlvollen Seelen verständlich, anderen schrecklich erscheinen."

Die Gartenbaukunst erfaßte die Neigung der Oeffentlichkeit. An die Stelle der steifen Taxus= und Buchenalleen des Rokokogeschmackes traten die natürlichen englischen Parkanlagen. Auch die Naturwissenschaften und ihr Studium gewannen infolge der Anlage wissenschaftlich geordneter botanischer Gärten, von denen jener in Göttingen, welchen Haller anlegte, der bedeutendste war.

Zur Verschönerung und Vertiefung des geistigen Lebens, trug ferner der Aufschwung, den die Tonkunst neuerlich nahm, nicht unwesentlich bei. Noch dem Renaissance=Zeit=

„Der dick=beschäumte Fluß bringt durch der Felsen Ritzen:
„Und schießt mit gäher Kraft weit über ihren Wall:
„Das dünne Wasser teilt des tiefen Falles Eile,
„In der verdickten Luft schwebt ein bewegtes Grau,
„Ein Regenbogen strahlt durch die zerstäubten Theile,
„Und das entfernte Thal trinkt ein beständig Thau.
„Ein Wandrer sieht erstaunt im Himmel Ströme fließen,
„Die aus den Wolken fliehn, und sich in Wolken gießen."
Diese Schilderung kann schließlich auf jeden größeren Wasserfall passen. Die Eigentümlichkeiten des Staubbaches hebt sie nicht im geringsten hervor.

alter gehörten Händel, Gluck uud Sebastian Bach an, die Periode der Aufklärung ließ Haydn, Mozart und Beethoven erstehen.

Für den Kirchengesang wurde seit dem siebenzehnten Jahrhundert viel gethan. Die frommen Gemeinden stellten Kantore (Vorsänger) an, welche außerdem zumeist den Unterricht in den höheren Schulklassen übernahmen. In den katholischen Gotteshäusern hörte man, nach dem Muster Italiens, wundervolle, durch fein gebildete Sängerchöre vorgetragene Gebetsgesänge (Oratorien). Die berühmtesten Gesellschaften von Musikkünstlern, die ihre Kräfte dem Dienste des Höchsten widmeten, bestanden in Wien und Dresden; im protestantischen Berlin erwarb sich der Domchor große Anerkennung.

Gegen Ende des siebenzehnten Jahrhunderts fanden die Orgeln überall Eingang, selbst in kleineren Tempeln. Des Meisters Silbermann Werke in Straßburg, Freiburg i. B. und Dresden dürfen sich auch den heutigen Orgeln würdig an die Seite stellen. Aus dem kirchlichen Musikinstrumente entstand das Klavier (Clavicord, Claviecymbel, Spinett, Instrument, Flügel, Schweinskopf), welches im Beginne des achtzehnten Jahrhunderts viereinhalb, um 1770 aber volle sechs Oktaven umfaßte. Für die Hausmusik lieferte besonders das Thyrol vorzügliche Geigen und Violoncells; die Bratsche ward Orchesterinstrument. Durch das ganze Jahrhundert zieht sich die — eine Folge einstiger Schäferspiele — Leidenschaft für das Flötenspiel. Das Blasinstrument fand sich nicht selten mit dem seit der Wertherzeit beliebten Knotenstock (Ziegenhainer) vereinigt, und gefühlvolle Jünglinge entlockten ihm auf ihren Spaziergängen trübsinnige Weisen. Die Jäger, welche ihre eigene Kunstsprache schufen, ihre Waidgerechtigkeit erweiterten, durchzogen den grünen Wald beim schmetternden Klange ge=

waltiger, aus Kupfer getriebener Flügelhörner. Diese fanden auch bei der kriegerischen Musik Eingang, und in der großen Zeit des Freiheitskampfes haben sie viel zur Begeisterung der preußischen Truppen beigetragen. Die eigentliche Feldmusik empfing eine ausgezeichnete Verstärkung durch geübte Holz=bläser (Oboë, Fagott). Das Spiel der preußischen Garde fand man bereits in den Tagen Friedrich Wilhelms I. höchst anerkennenswert.

Dagegen wurde in Deutschland=Oesterreich die das innerste Gemüt ergreifende Tonkunst gepflegt. Josef Haydn (1732 bis 1808), der Schöpfer der „Jahreszeiten", der Sänger des wunder=vollen „Gott erhalte Franz den Kaiser", fand ähnlich, wie Meister Gluck, Ruhm und Geld bei seinen Zeitgenossen. Wolfgang Amadeus Mozart (1756—1791) schenkte Deutsch=land die nationale Oper. In ihm muß die Welt ihren größten Tondichter verehren. Sein ganzes Leben aber ver=strich unter Sorgen und Entbehrungen bei fortwährenden Kämpfen gegen die entmannte und entmannende welsche Musik, deren Weichlichkeit nur einem verdorbenen Geschmack zusagen mag. Haydn erzog für Deutschland den, einem ur=sprünglich niederländischen Geschlechte entstammenden, Ludwig van Beethoven aus Bonn (1770—1827). Jeder Gebildete kennt seine Werke, seinen Einfluß auf die Weiterentwickelung der Tonkunst. Im „Fidelio" ließ er unter fremder Maske die deutsche Frau das hohe Lied ihrer ehelichen Treue singen. In seinen Symphonien verkündete er die Naturreligion, das erstrebte Ziel der Aufklärung.

Die Erzeugnisse der bildenden Kunst können sich während des ganzen Zeitraumes nicht im entferntesten mit den Leistungen auf musikalischem Gebiete messen.

Im siebenzehnten Jahrhundert hatten die Maler höch=

stens einige annehmbare Porträts geschaffen. Kulturgeschichtlich wichtig wurden die Arbeiten von Mathäus Merian, der
auf 2212 Platten „ganz Europa in Kupfer stach" und eine
Reihe von Schülern bildete. In Joachim Sandrart (1606
bis 1688), sonst trotz seines langjährigen Aufenthaltes in
Italien ein akademischer Handwerksmeister, gewann die Kunstgeschichte einen verständnisvollen Bearbeiter. Und gerade
hierin erwarben Deutsche den höchsten Ruhm. Ganz abgesehen
von den Malergesprächen der Schweizer, von welchem Einflusse waren nicht Lessings und Winckelmanns Schriften für
das Verständnis der ewigen Schönheitsgesetze der Antike?

Johann Joachim W i n c k e l m a n n aus Stendal
(1717—1768) schuf die wissenschaftliche Kunstgeschichte („Geschichte der Kunst des Altertums", 1762). Lessing übertrug in
seinem unsterblichen „Laokoon" (1766) die erkannten Gesetze auf
das unmittelbare Leben. Er wies der reinen Kunstkritik die richtige
Bahn, welche sie freilich seitdem leider oft genug wieder verlassen hat. Daß Lessing der Malerei etwelchermaßen fremd
gegenüberstand, erklärt sich aus dem niedrigen Standpunkt,
den diese Kunstthätigkeit gerade damals einnahm.

Im achtzehnten Jahrhundert treten besonders Angelika
Kaufmann (1742—1808) und der, ursprünglich aus Dänemark stammende, aber viel für den sächsischen Hof arbeitende,
Anton Raphael M e n g s (1728—1779) hervor. Mengs wurde
von seinen Zeitgenossen an die Seite der großen Meister des
Cinquecento gestellt, war aber nicht imstande, sich über die
akademischen Regeln zu erheben.

Andererseits gewann die Kulturgeschichte unübertreffliche
Schilderungen in den kleinen Kupferstichen und Radierungen
des fleißigen Kunstschulleiters Daniel Nikolaus Chodowiecki
aus Danzig (1726—1801) in Berlin.

Die Bildnerei stand auf einer höheren Stufe. In Berlin schuf der auch als Baumeister gleich tüchtige Andreas Schlüter aus Hamburg (1664—1714) im Geschmacke der Spätrenaissance das Bronze=Standbild des großen Kurfürsten auf der langen Brücke, die Masken der sterbenden Krieger am Zeughaus und anderes mehr. Georg Raphael Donner aus Eßling bei Wien (1693—1714) befreite die deutsche Bildhauerei vollends aus den Fesseln der Niederländer.

Schlüters Schicksal als Baumeister war traurig, doch nicht ganz unverdient. Für den prachtliebenden ersten Preußenkönig unternahm er den Ausbau des Schlosses, mußte jedoch lange vor Vollendung seiner Arbeiten aus Berlin weichen. Sein Nachfolger ward ein gewisser Eosander von Goethe, der Schlüter aber niemals zu erreichen vermochte. Georg Wenzel von Knobelsdorff (1699—1753), der Baumeister Friedrichs des Großen, schuf das alte (1843 abgebrannte, Opernhaus, die kommodenartige Bibliothek und entwarf die Pläne für das berühmte Sanssouci. In Dresden vertrat den Barockstil Mathias Daniel Pröppelmann (1662 bis 1736), in Wien war Fischer von Erlach, der Schützling des Prinzen Eugen, der Schöpfer großer Bauten, so des Stadtpalastes des edlen Ritters (Finanzministerium), eines wunderbar reich ausgestatteten Gebäudes, der Karlskirche usw. Auch zeichnete er die Pläne des Belvedere und des Liechtensteinschen Sommerpalastes, welcher heute die Gemäldesammlung birgt.

Die Bauthätigkeit fand natürlich auch in diesem Zeitraum viel Unterstützung bei den Fürsten, die für „Solituden" und „Eremitagen" von gewaltiger Ausdehnung schwärmten, wobei aber mehr die Prunksucht als der edle Geschmack zum Ausdruck gelangte.

Die Völker freilich nahmen die zwingherrlichen Thaten nicht mehr mit der Ergebung hin, welche sie im Beginne des Jahrhunderts gezeigt. Auf die grimmigen Strophen der „Fürstengruft" des unglücklichen Schubart folgte die republikanische Weltbrüderlichkeit der für den nordamerikanischen Freiheitskampf Begeisterten. Noch zu Lebzeiten Friedrichs wagte die „Berliner Monatsschrift" (1783) eine Ode, deren Schluß verkündete:

„Und du, Europa, hebe das Haupt empor!

„Einst glänzt auch dir der Tag, da die Kette bricht,

„Du, Edle, frei wirst, deine Fürsten

„Scheuchst und ein glücklicher Volksstaat grünet."

Leopold, Graf zu Stolberg (1750—1819), der spätere Finsterling, forderte in seiner Göttinger Zeit mit lächerlichem Getöse „Tyrannenblut", Gottfried August Bürger (1748 bis 1794) sang vom „Mannestrotz", der wackere, verständige Joh. Heinrich Voß (1751—1826), welcher dem deutschen Volke die hellenischen Schönheiten vermittelte, schrieb das Epigramm von „Stand und Würde".*)

Andererseits mußte sich die vornehme Welt daran gewöhnen, daß Bürgerliche zu den höchsten Staatsämtern aufstiegen, nachdem Goethe der Vertraute und Minister des Herzogs von Weimar geworden, und in Preußen viele niedrig geborene Räte in angesehenen Stellen amteten.

Schon vor der Revolution in Frankreich war es den Aufgeklärten aller Stände ein gemeinsamer Gedanke, daß die Leibeigenschaft der Bauern aufgehoben werden müsse. Nur

---

*) Der adlige Rat.　„Mein Vater war ein Reichsbaron,
　　　　　　　　　　　„Und Ihrer war, ich meine......
　Der bürgerliche Rat.　„So niedrig, daß, mein Herr Baron,
　　　　　　　　　　　„Ich glaube, wären Sie sein Sohn,
　　　　　　　　　　　„Sie hüteten die Schweine.

die Schreckensherrschaft der großen Bewegung in Frankreich, die Raubsucht der „Ohnehosen", die Erbärmlichkeit ihrer direktorialen Regierung verhinderten es, daß die freiheitliche Bewegung im Reiche weitere Wellen schlug, daß sie schließlich am Rheine stockte.

Die josephinische Aufklärung hätte ihr sicher nicht entgegen= gewirkt; denn, aus politischen Bestrebungen begonnen, blieb sie auf halbem Wege stehen und zwar gerade auf dem Punkte, von welchem aus der Rückschlag um so heftiger eintreten mußte. Die nämliche Regierung, welche die allgemeine Duldung der Glaubensbekenntnisse verkündete (Toleranzedikt vom 23. Oktober 1781), traf Gegenmaßregeln, als der Protestantismus wieder aufzuleben schien. Derselbe Herrscher, welcher die Bischöfe zu Staatsdienern machen wollte, hielt den Juden wie den unschuldigen christlichen Sekten die bürgerlichen Rechte vor. Den einzigen thatsächlichen Erfolg erzielte der „Josefinismus" in der Aufhebung von 783 Klöstern, die, längst dem Verfalle nahe, bald von selbst zusammengebrochen wären.

Die freie Forschung fand in Oesterreich keine Stätte, sondern allein in den Landen des großen Hohenzollern, der offen verkündete, daß „in seinen Staaten jeder nach seiner Façon selig werden könne". In der That finden sich auch alle eigenartigen und tiefen Denker der Aufklärung in Preußen oder in dessen verbündeten Staaten vereinigt: Neben Moses Mendelssohn, der einen philosophischen, unanfechtbaren Beweis vom Dasein Gottes und von der Unsterblichkeit der Seele zu geben versuchte, ein Gotthold Ephraim Lessing als Erzieher des Menschengeschlechtes; neben Georg Sulzer (1720 bis 1779), dem Theoretiker der schönen Künste, Dietrich Tiede= mann (1748—1830), der Schöpfer der Seelenkunde.

Und diese alle überragend, der Mann des „kategorischen Imperativs", Immanuel Kant (1724—1804), der königsberger Sattlersohn. Nicht eigentlich der Schöpfer eines neuen philosophischen Systems ist er gewesen, sondern der Bahnbrecher der reinen Kritik, der Vernichter alles aufgeblasenen Glaubens, der Stifter einer philosophischen Religion. Sein höchster Wert lag in der strengen Rechtlichkeit seines Charakters, von der er in einem Schreiben an Mendelssohn berichtet: „Der Verlust der Selbstbilligung, die aus dem Bewußtsein einer unverstellten Gesinnung entspringt, würde gewiß das größte Uebel sein, was mir begegnen könnte, aber gewiß niemals begegnen wird. Zwar denke ich vieles mit der allerklarsten Ueberzeugung, was ich niemals den Mut haben werde zu sagen; niemals aber werde ich etwas sagen, was ich nicht denke."

Dieser selbst bekannte Mangel an Mut, die letzten Folgerungen der gewonnenen Ueberzeugung auszusprechen, ist der rote Faden, welcher sich durch das gesamte Werk der Aufklärung hinzieht. Man mag ihn sogar bei Goethe entdecken! Aehnlich wie im Zeitalter des Humanismus bildeten die bis zur wirklichen Aufklärung Vorgedrungenen eine kleine Gemeinde, welche es versuchte, ihre Schätze für sich zu bewahren. Nur Lessing macht davon eine Ausnahme; er sprach zu seinem Volke offen und ehrlich, als ein wahrer Deutscher. Schiller folgte seinen Spuren und hätte ihn vielleicht übertroffen, wenn nicht der Tod ihn so frühe abberufen von der Arbeit. Das unterscheidet auch den Humanismus von der Aufklärung. Ein Ulrich von Hutten mochte nur wenige für seine Ansichten gewinnen; denn ihm fehlte die Sprache des Volkes. Ein Lessing, ein Schiller wurden von jedermann verstanden. Nicht der Humanismus versetzte den Ansichten des Mittelalters den Todesstoß, sondern die Aufklärung.

VII.

Unsere Zeit.

Schriften: H. v. Treitschke; Deutsche Gesch. i. XIX. Jahrhdt. Lebensbeschreibungen und Lebenserinnerung d. verschönstn. deutsch. Männer. R. L. Prutz; Die Dtsch. Litteratur der Gegenwart.

————

Vom kulturgeschichtlichen Standpunkte aus betrachtet, beginnt das neunzehnte Jahrhundert für das deutsche Volk mit dem Auftreten bestimmter Gedanken über die bürgerliche Freiheit. Die Ereignisse der Pariser Juli=Revolution haben dabei in einiger Hinsicht bestimmend mitgewirkt. Nicht, daß sie geradezu in die staatliche und kulturelle Ordnung des losen Staatenbundes, genannt Deutschland, eingegriffen hätten; unleugbar sind es jedoch die neu auftauchenden Ideen gewesen, welche jene Fortschritte bedingten, die gerade vierzig Jahre später das geeinigte Reich zur angesehensten Macht ausgestalten sollten.

Am 8. Juni 1815 waren die selbstherrlichen Fürsten und freien Städte Deutschlands zu einem beständigen Bunde vereinigt worden. Die Abgesandten der Mächte sollten als der Deutsche Bundestag zu Frankfurt a. M. beraten und unter dem Vorsitz Oesterreichs ihre Beschlüsse fassen. Betrafen diese grundlegende Bestimmungen des Bundes oder Glaubensfragen, so konnte ein giltiger Entscheid nur mit Stimmeneinhelligkeit gefaßt werden. Der Bundesvertrag bestimmte im dreizehnten Absatz, daß in allen Bundesstaaten eine landständische Verfassung stattfinden — und im acht= zehnten, daß gleichförmige Bestimmungen über die Preßfreiheit geschaffen werden sollten.

Das waren Versprechungen, deren Erfüllung teilweise lange auf sich warten ließ. Dagegen wurde den Deutschen wenigstens von vorne herein die Freizügigkeit innerhalb des Bundesgebietes und die bürgerliche Gleichstellung der drei christlichen Glaubensparteien gewährt. Schlimmer, besonders im Hinblick auf die bäuerliche Bevölkerung, lautete der vierzehnte Absatz. Er übertrug nämlich den früher reichsunmittelbaren Fürsten, Grafen und Herren die niedere landesherrliche Gewalt auf ihren Besitzungen.

Der Bundestag gefiel sich in der Folge in endlosen Beratungen, während das deutsche Volk Beschlüsse von ihm erwartete. Als sich die Versammlung im Juli 1817 nach vierundvierzig ergebnislosen Sitzungen vertagte, machte sich in weiteren Kreisen die Unzufriedenheit über solch schleppende Geschäftsführung geltend. Für die in den Kriegen gebrachten Opfer hatte man Freiheiten erwartet. Nun, da man eine gewisse Täuschung erfuhr, dachten jugendlich unbesonnene Köpfe, nach ihrer Art handelnd aufzutreten. Die bei dem Wartburgfest vorgefallenen, wirklich dummen aber unschuldigen Ereignisse, erregten die Behörden. Die Ermordung des russischen Staatsrates A. v. Kotzebue in Mannheim, in dem die vaterlandsliebende Burschenschaft einen ausländischen Spion erkannte, gab willkommenen Anlaß zu strengem Einschreiten.

Die ersten Schläge galten der deutschen Burschenschaft. Sie hatte einst die Roheit der studentischen Landsmannschaften gebändigt und sich durch Turnen, Singen, Reden und im brüderlichen Verkehr zum Kampfe gegen die Fremdherrschaft vorbereitet. Jetzt, da dieses Ziel erreicht worden, schwärmten die Jünglinge für ein einiges, freies Deutschland. Der deutschen Eigenart entsprechend, schieden sie sich aber in verschiedene, merklich von einander abweichende Ansichten. Jedenfalls waren aber unter ihnen die Umstürzler am schwächsten vertreten, und in der wahnwitzigen That, die Ludwig Sand in Mannheim begangen, hatten nur sehr wenige ein gutes Werk gesehen.

Die seit 1819 durch die Karlsbader Beschlüsse eingeleiteten Verfolgungen der zu Mainz amtenden „Zentral-Untersuchungs-Kommission" betrafen alle irgendwie der vaterländisch-freisinnigen Meinung verdächtigen Personen. Eine große Anzahl „Demagogen", d. h. Burschenschafter bevölkerten die Kerker und die Festungs-Kasematten. Viele Hochschullehrer wurden ihrer Stellen entsetzt und broblos gemacht. In weiteren Kreisen der Bevölkerung empfand man diese Maßregeln mit bitterem Ingrimm. Doch fühlte sich das Volk zu sehr mit seinen bürgerlichen Sorgen und Geschäften beladen, als daß es auch nur die geringste Auflehnung versucht hätte.

In den kleineren beutschen Staaten ward zwar der Wunsch erfüllt, welcher auf den Erlaß eines Grundgesetzes abzielte. In Baden und Sachsen-Weimar besonders zeichneten sich die Verfassungen durch freisinnige Bestimmungen aus; Baden galt hauptsächlich als die hohe Schule der Landtags-Redekunst. Preußen und Oesterreich dagegen, die führenden Mächte des Bundes, widersetzten sich mit allen Mitteln der Einführung von Volksvertretungen. Es gelang ihnen auch fernerhin, noch nach der Juli-Revolution, alle auf eine Verfassung abzielenden Wünsche ungehört verhallen zu lassen.

Es wäre aber falsch, wollte man die Juli-Revolution, den Einfluß, welchen Frankreich auf Deutschland ausübte, irgend wie zu hoch anschlagen. Die Nachricht vom Sturze Karls X. (1825—1830) — die „in Zeitungspapier ein-

gewickelten Sonnenstrahlen" nach dem Heineschen nicht allzu
glücklich gewählten Ausdruck — rief jenseits des Rheines mehr
Erstaunen als Teilnahme hervor. Wohl waren in den Tagen
der Fremdherrschaft französische Sitten und Lebensanschauungen
in weitere und bis dahin von ihnen unberührte Kreise des
deutschen Volkes eingedrungen. Aber tiefe Wurzeln ver=
mochten sie nicht zu schlagen! — Noch bis 1848, ja fast bis
zum Schicksalsjahre 1866 blieben freilich einzelne Politiker
unter dem Banne unklarer, von französischen Verhältnissen ab=
geleiteter Gedanken. Das deutsche Volk in seiner übergroßen
Mehrheit wollte nichts davon wissen. Eine zeitlang schien
es sogar, als suche man, die wirklichen Errungenschaften der
Staatsumwälzungen an der Wende unseres Jahrhunderts zu
verneinen. Der Grund hierfür ist in der falschen Betrachtung
der sozialen Fragen zu suchen, die, zwar längst vorhanden,
Deutschland erst seit dem Ausgange der Befreiungskriege macht=
voll bestürmten.

Der Landbau, stetsfort die wichtigste Thätigkeit der
Germanen, ging unleugbar im allgemeinen zurück. Man schrieb
diese Erscheinung der Aufhebung der Leibeigenschaft zu, welche
den Robot=Mann von der Scholle löste, ihn in die Städte
wandern ließ, um dort das Proletariat zu vermehren. Das
Zeitalter der Maschinen sah die bis dahin verhältnismäßig
kleinen Städte mit ungesunder Schnelligkeit zu Riesen in
ihrer Bevölkerungszahl anwachsen. Die Folgen machten sich
in der Anhäufung elendester Armut geltend, welche immer
mehr wuchs, als die Technik jede menschliche Arbeit in den
einzelnen Gewerben auf das geringste Maß herabsetzte. Die
Verkehrsmittel erfuhren die großartigste Ausbildung; mit
ihnen erschienen die verschiedenen Freiheiten, welche die einstigen,
engbegrenzten Zunftgenossenschaften und die wirkliche Seß=

haftigkeit der Bevölkerung vollständig aufhoben. Das ehrsame
Handwerk verlor den goldenen Boden und erlag dem Groß=
gewerbe. Dieses schuf, scheinbar willkürlich, in Wahrheit
nach den von volkswirtschaftlichen Verhältnissen aufgezwungenen
Gesetzen, neue Mittelpunkte für das Handelsleben und ver=
nichtete teilweise die alten. Der kaufmännische Verkehr, wel=
cher bis dahin in jenen ruhigen Bahnen lief, welche uns
Gustav Freytag in klassischer Form durch seinen Roman „Soll
und Haben" schilderte, vollzog ebenfalls eine Wandlung. Der
Warenaustausch, die Kreditverhältnisse erfuhren eine gründ=
liche Aenderung, welche nicht selten sehr zu ihren Ungunsten
gegen die einst strenge innegehaltenen Formen abstachen.

Alle diese Umwälzungen kamen plötzlich! Naturgemäß
mußten sie die größte Reibung mit sich führen, Einflüsse und
Gedanken zeugen, von denen das gesamte Kulturleben für
lange Zeit beeinflußt werden wird.

Schwer bleibt es, mit aller Schärfe zu entscheiden, in
welcher Wechselwirkung die französische Revolution und das
seit den Tagen Friedrichs des Großen deutlicher hervortretende
Streben nach Aufklärung zu einander stehen. Jedenfalls ist
der Zeitabschnitt, währenddessen Napoleon nach der Weltherr=
schaft strebte, für Deutschlands Kultur von der unheilvollsten
Bedeutung gewesen. Das Reich hatte alle Kriegsstürme aus=
zuhalten, und wenn diese auch, hier wie dort, gleich einem
reinigenden Gewitter wirkten, die elende Lage, welche sie
zeitigten, läßt sich höchstens mit den Zuständen während und
nach dem dreißigjährigen Kriege vergleichen. Noch bis in
die vierziger Jahre ward Leben und Eigentum der Bürger
durch Räuberbanden bedroht, welche sich, wie damals, meist
aus entlassenen und fahnenflüchtigen Soldaten ergänzten.

Viele freisinnige Männer glaubten dem freiheitsfeindlichen

Preußen nur durch den engsten Anschluß an das bürger-
königliche Frankreich entgegentreten zu können. Ueber der thatsächlich bestehenden Geistesknechtung, deren Lügengewebe der
allmächtige Metternich spann, dem zu dienen das damalige
Preußen leider nur allzu bereit war, verkannte die Mehrheit
des Volkes die Ursachen seines Elends. Dieses beruhte jedoch vorzüglich auf dem wirtschaftlich mehr noch als politisch
losem Zusammenhang der Kleinstaaten.

Nur durch den Kampf der Geister sind wirkliche Fortschritte zu erzielen möglich. Die Aufklärung hatte den dumpfen
Druck gehoben, der auf allen Wissenschaften ruhte. Man
lernte im letzten Drittel des achtzehnten Jahrhunderts klar
denken und im Beginne des neunzehnten bereits die gewonnenen
Ergebnisse verwerten. Die napoleonischen Kriege freilich
konnten großen Umwälzungen in den Grundlagen der Kultur
nicht günstig sein. Erst der gesicherte Frieden mochte die
Knospen an dem neuen Baume der Erkenntnis sprengen, die
Früchte zeitigen. Ihres Genusses durfte Deutschland nur
dann teilhaftig werden, wenn es sich wirtschaftlich vom Auslande befreite.

Das Königreich der Hohenzollern, welches bei der Ab-
schüttelung des französischen Joches die schwersten Aufgaben
gelöst hatte, war auf dem Wiener Kongresse der diplomatischen Verschwörung unterlegen. Sollte das durch Hannover und Kurhessen in zwei ungleiche Hälften zerspaltene
Preußen mit seinen überlangen Zollgrenzen die notwendigen
Geldmittel aufbringen zur Erhaltung seiner Stellung als
Großmacht, so bedurfte es der merkantilen Wechselwirkung
mit den Nachbarn. Und auch diese waren abhängig von dem
aufblühenden Gewerbestaate, wollten sie nicht zu willenlosen
Knechten des Auslandes werden.

Unter solchen Gesichtspunkten entstand, ein Werk der preußischen Minister Klewitz und Motz, des General-Steuerdirektors Maaßen und des Geheimrates Eichhorn, der segensreiche deutsche Zollverein. Aus sehr bescheidenen Anfängen (1818) hervorgegangen, lange Zeit hindurch eine echt deutsche Geduldarbeit der erwähnten Männer gegen die widerstrebenden Interessen der kleinen Mächte, erreichte dieser „größte praktische Erfolg der Idee der deutschen Einheit" 1834 seinen vorläufigen Abschluß. „Auf allen Landstraßen — sagt Treitschke — Mitteldeutschlands harrten die Frachtwagen hoch beladen in langen Zügen vor den Mauthäusern, umringt von fröhlich lärmenden Volkshaufen. Mit dem letzten Glockenschlage des alten Jahres hoben sich die Schlagbäume; die Rosse zogen an, unter Jubelruf und Peitschenknall ging es vorwärts durch das befreite Land."

Hand in Hand mit dem Ausbau des Zollvereins, der von 1851 ab das ganze damalige Deutschland, mit Ausnahme Oesterreichs und der Hansestädte umfaßte, ging der Aufschwung der Eisenbahnen. Bereits 1828 hatte man in Preußen an einen Schienenweg in den westlichen Provinzen gedacht. Im nämlichen Jahre eröffnete Gerster die mit Pferden betriebene, für Salzfuhren dienende Linie von Budweis nach Linz. König Ludwig I. von Baiern, der auch den Wasserstraßen (Ludwigskanal) die größte Aufmerksamkeit schenkte, griff den im übrigen Deutschland noch lange nicht klar erfaßten Gedanken wieder auf. Mit herzlicher Anerkennung begrüßte er „Deutschlands erste Eisenbahn mit Dampfwagen", trotz eines lächerlichen Einspruches des bairischen Ober-Medizinalkollegiums, das behauptete, der Dampfbetrieb werde schwere Gehirnerkrankungen der Reisenden und selbst der Zuschauer im Gefolge haben. Am 7. Dezember 1835 durch=

lief der erſte Bahnzug unter Kanonendonner die mit einem
Kapital von 175000 Gulden f. W. erbaute, faſt 8 Kilometer
lange Strecke Nürnberg=Fürth in einer Viertelſtunde. Die neue
Zeit im Weltverkehr war damit auch für Deutſchland angebrochen.

Den größten Einfluß auf die erſte Ausgeſtaltung des
deutſchen Eiſenbahnnetzes hat Friedrich Liſt gehabt. Seine
Schriften gewannen in Leipzig eine kleine Schar unternehmungs=
luſtiger Männer, die 1837 im April ſo weit gelangte, die
erſte Teilſtrecke der Linie Leipzig=Dresden, zu eröffnen. Zwei
Jahre ſpäter wurde die ganze Bahn befahren; für ſie war bei
Oberau auch der erſte, viel bewunderte Tunnel Deutſchlands
gebohrt worden. Schon in den erſten Monaten beförderte
ſie 400000 Perſonen und 3 bis 4 Millionen Meilenzentner.
In Preußen widerſetzte ſich aber vornehmlich der auf ſeine
Neuordnung des Reiſendenverkehrs ſo ſtolze General=Poſt=
meiſter Nagler dem Eindringen der „Eiſenbahnſeuche“. —
Erſt nach langen Verhandlungen entſtand am 3. November
1838 das muſtergiltige preußiſche Eiſenbahngeſetz, nachdem
wenige Monate zuvor die Strecken Düſſeldorf=Erkrath und
Berlin=Potsdam, eröffnet worden waren.

Wiederum erwies es ſich, daß ein Aufſchwung unab=
weislich den anderen nach ſich zieht. Hatte Preußen 1826
nur 3 Millionen Kilogramm Stahl, an Gußſtahl 1832 kaum
50 Doppelzentner erzeugt, ſo ſtiegen dieſe geringen Zahlen
nach Einführung der Eiſenbahnen in kurzer Friſt zu erſtaun=
licher Höhe an. Maſchinenfabriken beſaß Deutſchland vor
1840 nur ſehr wenige; denn ward auch bereits 1785
auf den hettſtedter Kupferbergwerken der Grafſchaft Manns=
feld die erſte, von Deutſchen erbaute Dampfmaſchine
in Betrieb geſetzt, ſo arbeiteten in Preußen 1837 zu=
ſammen doch nur 419 Dampfmaſchinen mit 7355 Pferde=

kräften. Dazu ruhte die Kohlenförderung im rheiniſch-weſt-
fäliſchen Gebiete zum größten Teile, im Ruhrbecken faſt
vollſtändig. Die Frachtkoſten laſteten zu ſehr auf den Stein-
kohlen, als daß dieſe ein allgemein gebrauchter Feuerungsſtoff
hätten werden können.

Bei der damaligen Anſicht, daß England auf gewerb-
lichem Gebiete überhaupt unerreichbar ſei, war es ſelbſtver-
ſtändlich, daß die erſten Lokomotiven und lange nachher noch
die Schienen aus dem Inſelreiche bezogen wurden. Zwar
hatten geſchickte Mechaniker 1839 in Dresden einen Dampfwagen erbaut, aber es blieb dort bei dieſem Verſuche. Nun
gründete jedoch der Schleſier Wilhelm B o r ſ i g, bis dahin einer
der Leiter der Egells'ſchen Eiſengießerei, zu Berlin eine Anſtalt für Lokomotivbau. Aus ſehr beſcheidenen Anfängen
entſproſſen, beſchäftigte das Unternehmen bald über tauſend
Arbeiter und 1868 verließ die tauſendſte Lokomotive die
Werkſtätten vor dem Oranienburger Thor. Auch K r u p p in
Eſſen, der mit ein paar Geſellen die väterliche Schloſſerei
übernahm, legte in den zwei Jahrzehnten, von 1835—1855
etwa, den Grund zu dem Weltrufe ſeiner Firma. Bereits
auf der Londoner Weltausſtellung mußten die Briten aner-
kennen, daß die Güte des Krupp'ſchen Gußſtahls von ihnen
nicht erreicht werde. Dann begann die Periode, da dieſes
Erzeugnis Anwendung fand in der Waffeninduſtrie, bei den
zuerſt von Preußen eingeführten Hinterladungsgeſchützen und
Gewehren. Und von dieſen letzteren entſtammte die erſte
kriegsbrauchbare Konſtruktion der Werkſtatt eines deutſchen
Fabrikanten, Niklaus D r e y ſ e. Sein Zündnadel (1839/41)
ſicherte Preußen die Ueberlegenheit auf den böhmiſchen Schlachtfeldern, deren es bedurfte, um das große Werk der Einigung
Deutſchlands durchzuſetzen.

Im Verlaufe der Kriege mit Frankreich war man in
Deutſchland auf die 1795 von den Gebrüdern Chappe er=
ſtellten optiſchen Telegraphen (Semaphor) aufmerkſam ge=
worden; Preußen vornehmlich bildete dieſe Einrichtung nach 1815
aus. Hatte noch der Befehl Napoleons, Andreas Hofer zu
erſchießen, von Paris nach Mailand volle vierundzwanzig
Stunden gebraucht (1810), ſo bedurfte jetzt (1830) eine An=
frage von Berlin nach Koblenz kaum zwei Stunden Zeit,
eine Depeſche von Berlin nach Petersburg, unter ſtrecken=
weiſer Uebermittelung durch Kuriere, nur fünfzig Stun=
den. Dem allgemeinen Verkehre aber diente dieſe ſchnelle
Nachrichtenvermittelung, welche übrigens zum guten Teile vom
Wetter abhängig blieb, keineswegs.

Profeſſor Sömmering in München hatte bereits 1809 die
Möglichkeit erwieſen, den elektriſchen Strom für die
Zeichengebung auf weitere Entfernung zu benutzen. Obgleich
ſich König Ludwig I. für die Entdeckung intereſſierte, blieben die
Verſuche doch ohne praktiſchen Erfolg, da Sömmering für ſein
Telegraphen=Syſtem faſt vierzig Drähte bedurfte. Da gelang
es 1833 dem Phyſiker Wilhelm Weber in Göttingen, in Ge=
meinſchaft mit dem größten Mathematiker aller Zeiten, Gauß,
einen elektromagnetiſchen Apparat zu erſtellen, der das Telegra=
phieren durch einen, faſt einen Kilometer langen Draht von der
Sternwarte zum phyſikaliſchen Laboratorium geſtattete. Zunächſt
fand die glänzende Erfindung ſo gut wie gar keine Anerkennung
in ihrem eigenen Vaterlande; noch 1836 wollte die Leipzig=
Dresdener Eiſenbahngeſellſchaft die von Weber für eine bis
Wurzen reichende Telegraphenlinie notwendig erachtete Summe
von 6000 Mark nicht „auf's Ungewiſſe" hin wagen. Vier
Jahre ſpäter gelangten die erſten Zeigerapparate des engliſchen
Phyſikers Wheatſtone nach Deutſchland. Mit den Verbeſſer=

ungen von Drescher, wie Siemens und Halske, fanden sie
nun einen schnellen Eingang.

Steinheil in München äußerte zuerst den Gedanken, an
dem nach rechts oder links ausweichenden Elektromagneten einen
Papierstreifen vorüberzuführen, welchem ein mit dem Magneten
verbundener Stift Zeichen aufdrücken könnte. Der Nordameri-
kaner Morse gestaltete diese Idee in die praktische Erfindung
des Drucktelegraphen um, der seit Mitte der fünfziger Jahre
an die Stelle des schwerfälligen Zeigerapparates getreten ist.
Steinheil bleibt es ebenfalls zu danken, daß er 1838, als er Eisen-
bahnschienen zur Leitung benutzte, bemerkte, wie einer der
bisher gebräuchlichen Drähte zwischen zwei Telegraphenstationen
völlig entbehrlich werde, da die Rückleitung des Stromes durch
den Erdboden erfolge.

Von der größten Bedeutung für die Ausgestaltung des
gesamten Telegraphenwesens war es, daß sich der
junge preußische Artillerieoffizier Werner Siemens mit dem
Bau und der Einrichtung von Linien beschäftigte. Mit
glücklicher Hand überwand er alle, der Neuerung entgegen-
tretenden Schwierigkeiten. Die Firma, welche er (1850)
zu Berlin mit dem geschickten Mechaniker Halske begründete,
entwickelte sich rasch zu einem Welthause, dem die Menschheit
auch die erste praktische elektrische Kraftmaschine und
(1879) die erste elektrische Eisenbahn verdankte.

Wenngleich die Telegraphie gestattet, Mitteilungen jeder
Art rasch zu übertragen, so geschieht dies doch nur auf
mittelbarem Wege, durch Umsetzen in Zeichen und Worte.
Die letzte Beschränkung fiel dahin, als es Philipp Reis
(1860) gelang, das Telephon zu erfinden, auf dem er
Worte und Töne in die Ferne zu senden vermochte. Zwar
fand auch seine Entdeckung zunächst keine Verwendung und

kam erst fast zwei Jahrzehnte später in Deutschland auf dem
Umwege über Nordamerika in allgemeine Aufnahme.

Wichtiger noch für den großen Verkehr wurde die Neuordnung des Postwesens, soweit die brieflichen Mitteilungen
in Betracht fielen. In Preußen war es Nagler, der Schöpfer
der zu ihrer Zeit als ein ungeheurer Fortschritt angestaunten
„Schnellposten", der ein für jene Tage mustergiltiges Postwesen schuf. Aber seine besten Kräfte verzehrten sich in dem
unaufhörlichen Kampfe wider die verrotteten Zustände der
Thurn und Taxis-Reichspost, welche einen mächtigen Be-
schützer im deutschen Bundestage fand. Auch die Briefmarken,
die Herabsetzung des Briefportos und andere, durch den
wachsenden Verkehr notwendig werdenden Verbesserungen
gelangten nach und nach in allen deutschen Staaten zur
Einführung. Aber erst das durch den Staatssekretär
Dr. Stephan organisierte Postwesen des Norddeutschen Bundes
und sein billiges „Groschenporto" konnte den Anspruch
darauf erheben, ein wirklich nationales Werk genannt zu
werden. Aus Oesterreich übernahm man bald das System
der Korrespondenzkarten, und der Geldverkehr ward in einer
für die Oeffentlichkeit bequemen Form geordnet. Endlich
(1875) durfte der große Schritt gewagt werden, die Gründung des Weltpostvereins einzuleiten, der sich schnell als
eine Kulturthat ersten Ranges erwies.

Das behaglich empfindsame achtzehnte Jahrhundert hatte
den brieflichen Austausch der Meinungen und Nachrichten
geliebt. Die neue Zeit überträgt dem Briefverkehr zumeist
kurze Nachrichten, welche, auch wenn sie den innigsten Ausdruck der Zuneigung tragen, doch immer die geschäftliche Hast
des modernen Lebens verraten. An die Stelle der einstigen
„Korrespondenten" sind die Zeitungen getreten, welche

seit dem Beginne unseres Jahrhunderts mehr und mehr im
Vordergrunde der Oeffentlichkeit erscheinen. Eisenbahn wie
Telegraph hoben auch in Deutschland die Leistungsfähigkeit
und damit die Macht und den Umfang der Presse in einem
vorher nie geahnten Maße. Neben dem gewaltig an=
steigenden Lesebedürfnis des Volkes kam dem Zeitungswesen sehr
zu statten, daß nach 1848 doch fast überall die hemmende
Zensur verschwand, und die Preßgesetze sich freisinniger aus=
gestalteten. Die Schnelligkeit der Drucklegung gewann, als
König in Nürnberg bereits im ersten Jahrzehnt unseres
Jahrhunderts die Walzenpresse erstellte, welche seit 1840
etwa in allen größeren Orten mit Dampf betrieben, wiederum
vierzig Jahre später von den gewaltigen Rotationsmaschinen
amerikanischen Systems abgelöst wurde. Während vor 1830
kaum hundert Zeitungen und Zeitschriften in Deutschland
bestanden, von denen höchstens ein Dutzend täglich erschienen,
die wenige tausend Exemplare abzogen, zählt die Postzeitungs=
liste für 1896 nicht weniger als 1884 Verlagsorte mit 7187
einzelnen Organen auf.*) Damit Hand in Hand geht die
Ausdehnung des deutschen Buchhandels, der freilich ge=
zwungen worden ist, zum Teil ganz neue Bahnen einzuschlagen.
Zu seinem alten Mittelpunkt Leipzig sind die neuen Zentren
hinzugetreten, unter denen Stuttgart und Berlin größere Be=
deutung gewonnen haben.

Die intellektuelle Bildung des deutschen Volkes unterlag
in diesem Jahrhundert größeren Wandlungen, als je zuvor.
Aus jenen Kreisen geistig hoch bedeutender Personen, welche
einst die Anfänge der französischen Revolution froh begrüßt

---

*) In den Jahren 1881 bis 1896 hat sich die Zahl der Verlagsorte im
deutschen Reiche um 389, die der Zeitungen um 2570 vermehrt. Während 1881
in Berlin 389 Zeitungen erschienen, kamen 1896 dort deren 808 heraus.

hatten, wuchs aus Abscheu vor den Greuelthaten der
Schreckenszeit eine Reaktion heraus, welche unbedenklich
alle Errungenschaften der Aufklärung verwarf. Die Fremd=
herrschaft beförderte die Ideen von einem göttlichen Straf=
gerichte, welches über die entartete Nation hereingebrochen sei,
und bestärkte zugleich die bis dahin nur unklar sich äußernde
Richtung, sich aus der abstoßend rauhen Wirklichkeit in eine
nie bestandene schöne Vergangenheit hineinzuträumen. Das
waren die Romantiker, deren Lebensweisheit sich zum
guten Teile aufbaute auf den Lehren Fichtes (1762—1813),
die Romantiker, welche in gewissem Sinne noch heute leben
und nun auf den Kanon der Uebermenschlichkeit schwören.

Mit der Romantik nahe verwandt erscheint der reli=
giöse Mystizismus, dem man stets begegnet, wenn das
öffentliche und dementsprechend auch das geistige Leben eines
Volkes unter dem Banne schaler Alltäglichkeit steht. Es
konnte nicht fehlen, daß mit dem Beginne des neuen Zeit=
alters, dem unaufhaltsamen Fortschreiten der Erfahrungs=
wissenschaften, die bisherigen Bahnen der Philosophie ver=
lassen werden mußten. Hegels (1770—1831) Lehre vom
reinen Begriff, Jahre hindurch gleichsam der Grundstein aller
in Preußen erlaubten Wissenschaft, vermochte auf die Länge
nicht mehr zu befriedigen. Abtrünnige Schüler des Meisters,
der durch unklare Formeln die Halbheit seines Systems ver=
schleierte, zertrümmerten den künstlichen Bau. Ludwig
Feuerbach, einer der vornehmsten Mitarbeiter der von
Arnold Ruge herausgegebenen Hallischen Jahrbücher, erklärte
die Gottesidee, das Christentum überhaupt für unmöglich
vereinbar mit jeder wahren Philosophie.

Die Theologie, deren einstige Aufklärungsver=
suche in kläglichen Dogmaglauben zurückgefallen waren, be=

saß gegen die Waffen, welche Feuerbach und vor ihm bereits David Strauß in seinem Leben Jesu geschmiedet hatten, lediglich die Mittelchen, deren sich einst die sterbende Scholastik gegen den Humanismus bediente. Harte Verfolgungen, hervorgerufen durch gehässige Angebereien, trafen die mutigen Streiter. Das Volk aber, obwohl es in seinen weiteren Kreisen natürlich keineswegs das Verständnis besaß, den Ausführungen von hüben und drüben zu folgen, ehrte in diesen Männern die Märtyrer des freien Gedankens.

Die Blütezeit der Naturwissenschaften begann. Von den Hypothesen der Naturphilosophie gelangte man durch genaue Forschung und Versuche zu unanfechtbaren Sätzen. Die Chemie zog den unmittelbarsten Vorteil aus dieser Wandlung. Sie ward kaum als eine wirkliche Wissenschaft angesehen, als Justus Liebig (1803—1873) in Gießen (1826) sein Laboratorium eröffnete, und Wöhler einige Jahre später in Göttingen den alten Irrtum von der tierischen Lebenskraft dadurch widerlegte, daß er den Harnstoff (1828) künstlich erzeugte. Zu den Schülern und Mitarbeitern der beiden großen Chemiker sind zumeist die Männer zu rechnen, welche die chemische Industrie in Deutschland wissenschaftlich und praktisch begründeten, der nationalen Arbeit derart ein Feld schafften, auf dem sie in wenigen Jahrzehnten unerreichte Erfolge erzielte.

Chemie und Physik traten ihre Lehren in nutzbarer Form an die Medizin ab, die fleißig mit dem Mikroskope arbeitend, durch den jungen Pathologen Virchow die Lehre fand, daß alles Leben seinen Ausgangspunkt in Zellen habe. Johannes Müller (1802—1854), der große Berliner Physiologe, warf der Naturphilosophie den Fehdehandschuh hin und zeigte seinen Schülern an der Hand scharfsinnig durchgeführter

Verſuche den Zuſammenhang zwiſchen Phyſiologie und ver-
gleichender Anatomie. Die Zergliederungskunſt ſelbſt, obgleich
noch lange voll Hohn und Spott über die von den Hiſto-
logen gelieferten feinen Arbeiten, näherte ihre theoretiſchen
Lehren mehr und mehr den praktiſchen Forderungen der
Chirurgie. Auf die Verwendung der Arzneimittel endlich
blieb das radikale Einſchreiten der Homöopathen nicht ohne
günſtigen Einfluß. Man ſäuberte die Apotheken von all den
Nichtigkeiten, welche der Aberglaube früherer Jahrhunderte in
ihnen aufgehäuft hatte. Davon blieb der Stand der Pharma-
zeuten freilich unberührt; er ſteht noch heute unter den
zünftigen Anſchauungen einer längſt vergangenen Zeit.

Vielfach iſt gegen die Naturwiſſenſchaft die Anklage
erhoben worden, ſie ſei die geiſtige Nährmutter des in unſerer
Zeit ſo ſtark hervortretenden Materialismus. Das
Auftreten des großen holländiſch-deutſchen Phyſiologen Jakob
Moleſchott (1822—1892) (Kreislauf des Lebens, 1853),
wie des Arztes Ludwig Büchner (Kraft und Stoff, 1855)
ſchien dieſe Behauptung zu beweiſen. Die Gegenſätze
ſteigerten ſich noch, als der einſtige Reichsregent Karl Vogt
(Phyſiologiſche Briefe, 1845—47) und der jenenſer Profeſſor
Ernſt Häckel (Natürliche Schöpfungsgeſchichte, 1872) im
Sinne der Forſchungen Darwins in den Streit eingriffen.
Obwohl die Ideen des Materialismus nur auf philoſophiſchem
Gebiete zu ſuchen ſind, und jene Gelehrten überhaupt nicht
auf dem materialiſtiſchen, ſondern vielmehr auf dem realiſtiſchen
Boden ſtanden, ſo wollte die alte Schule doch nicht von
ihren irrigen Vorausſetzungen laſſen. Darin hat ſie aber
recht behalten, daß unſere Zeit häufig, und beſonders in
rein praktiſchen Fragen, zu materialiſtiſch denkt und handelt.

Das Schulweſen erfuhr jedoch, weſentlich unter dem

Einflusse einer realistischen Auffassung der Lebensforderungen,
etwelche vorteilhafte Umänderungen. Köchly, der spätere Philo-
logie=Professor in Zürich, war es, welcher (1845) begann,
Vorschläge für die Neugestaltung des ganz in zopfigen Anschauungen befangenen Gymnasialunterrichtes zu entwerfen.
Die Realschulen, eine Gründung der ersten Regierungsjahre
Friedrichs des Großen, lange nichts anderes als Vorbereitungs=
anstalten für die technische Laufbahn, wandelten sich in Preußen
im Beginn des neunten Jahrzehntes in **Realgymnasien**
um, denen einige Vorteile eingeräumt wurden, während
die Realschulen I. Ordnung das Schwergewicht auf die exakten
Wissenschaften legten.

Diese letzteren erfuhren einen neuen Aufschwung in der
reinen sowie in der angewandten Mathematik, in der Astronomie, der Physik und der neu hinzutretenden Geographie
und Geologie. Der große **Mathematiker Gauß**,
freilich mehr Gelehrter als Lehrer, schuf eine Schar von
Jüngern, von denen einzig der Rheinländer Dirichlet=Lejeune
und der noch lebende Berliner Professor Weierstraß erwähnt
werden sollen. Besonders äußerte sich der praktische Einfluß
der reinen Mathematik auf die **Sternkunde.** Olbers entdeckte (1802) die ersten Asteroiden, Bessel gab wichtige Anleitungen für die Erdmessung, Galle fand (1846 nach Le-
verrier's Berechnungen) den fernen Neptun, Littrow (1837
Wunder des Himmels) und Mädler (1846. Populäre Astronomie) bemühten sich, die gewonnenen Kenntnisse weiteren
Kreisen der Gebildeten zu vermitteln. Die Himmelskunde
wie die Physik erhielt in diesem Jahrhundert zuerst genaue
mathematische Meßinstrumente und Fernröhre aus deutschen
Werkstätten. Der bairische Artillerieoffizier von Reichenbach
erfand eine neue Art von Kreisteilmaschinen, der einstige

Glaſerlehrling Fraunhofer in München erſtellte (1824) den großen Dorpater Refraktor, welcher lange das beſte Inſtrument ſeiner Art bildete. Seine Nachfolger erhoben die deutſche Feinmechanik zur höchſten Blüte.

Die Geographie, lange Zeit nichts anderes als eine Art von ökonomiſcher Statiſtik, ward durch die Veröffentlich= ung der Reiſebeſchreibungen Alexander von Humboldt's (1769—1859) in andere, fruchtbringende Bahnen geleitet. Karl Ritter (1779—1859), der erſte Lehrer der Geographie in Berlin, entwickelte zunächſt das wiſſenſchaftliche Verſtändnis für die „vergleichende Erdkunde" und die Wechſelbeziehungen zwiſchen Land und Bewohnern. Seine Schüler und Nachfolger, Roon, Petermann, Peſchel, Richthofen, Ratzel, Krümmel, Penck, Kirchhoff, Supan, Partſch u. a. haben neben der auf die Geographie des Menſchen zielenden Richtung des Meiſters ins= beſondre auch die reine phyſikaliſche Geographie zu hervorragender Blüte gebracht.

Ebenſo wichtig waren die praktiſchen Fortſchritte auf dem Gebiete der Kartographie, die der preußiſche Oberſt von Sydow und der Berliner Profeſſor Kiepert in Deutſchland geradezu erſt begründeten. Der Phyſiker Dowe in Berlin gab der Schiffahrt die bedeutendſten Grundlehren der Witterungskunde. Sein ſegensreiches Werk erfuhr den herrlichſten Ausbau durch die Gründung der deutſchen See= warte in Hamburg und deren Schweſterinſtitute. Auch der Bergmann, deſſen Kunſt bis dahin ein ſeltſames Gemiſch von techniſchen Erfahrungen und abergläubiſchen Anſchauungen geweſen, erhielt durch Leopold von Buch (1774—1853) die neue Wiſſenſchaft der Geologie; Bernhardi, Naumann und der Chemiker Mitſcherlich erforſchten die verſchiedenen Mine= ralien und lehrten den Hüttenmann die Metalle nach geeigneten Methoden vom Geſteine zu ſondern.

Eine der wichtigsten physikalischen Entdeckungen erfuhr die Welt durch die Lehre des Arztes Robert Mayer in Heilbronn (1842) von der Erhaltung der Kraft. Kaum ein Jahrzehnt später erstellte Helmholtz den Augenspiegel, heute längst ein unentbehrliches Instrument der praktischen Medizin. Ohm, Fechner, Weber und Magnus widmeten ihr Leben der Erforschung des bis dahin so rätselhaften Wesens der elektrischen Kräfte, dadurch die technische Ausnutzung derselben teilweise vorbereitend, teilweise auch geradezu befördernd. Die Botanik und Zoologie, von jeher dem Laien näher stehend, als die übrigen Zweige der Naturwissenschaften, wurden nun in klassischer Form dem Volke vermittelt durch die reich illustrierten Werke von Roßmäßler, Alfred Brehm und anderen mehr, sowie durch die allgemeine Anlage großer botanischer und zoologischer Gärten, Aquarien und Vivarien.

Liegt auch der Schwerpunkt unserer Zeit zumeist in der technisch-praktischen Entwickelung, so blieben doch die reinen Wissenschaften, mit alleiniger Ausnahme der Philosophie etwa, durchaus in stetem Fortschritt begriffen.

Aus der allgemeinen Neigung, durch Vergleiche des einen mit dem anderen die unveränderlichen Grundgesetze zu finden, zog vor allem die Sprachforschung den größten Nutzen. Sie fand in Deutschland das höchste Verständnis für ihre Bestrebungen, deren erster vornehmster Vertreter Wilhelm, der ältere Bruder Alexanders von Humboldt war (Ueber die Kawi-Sprache, 1828); Lepsius, Steinthal und Max Müller, der jedoch in Oxford wirkt, bauten die gewonnene Methode weiter aus.

Die Befreiungskriege, welche den deutschen Sinn im Volke wieder weckten, die vorbereitet worden waren durch die Schriften Ernst Moritz Arndts (1769—1860), (Geist der

Zeit 1806) und die erzieherische Thätigkeit des Turnvaters
Friedrich Ludwig Jahn, sie begünstigten auch die wissenschaftlichen Arbeiten des Brüderpaares Jakob Ludwig (1785—1863)
und Wilhelm Grimm, (1786—1859) deren Hauptwerk (Deutsches
Wörterbuch, 1853 begonnen) freilich noch immer nicht vollendet
ist.   Von großer Bedeutung für die Erfassung des Geistes
der deutschen Vorzeit war auch das wissenschaftliche Streben
Simrock's, die alten Sagen und Heldengedichte (Heldenbuch,
1843—1850) in unsere jetzige Sprache zu übertragen.   Das
klassische Altertum dagegen fand seine Bewunderer und Forscher
in Böckh, Otfried Müller, Friedrich Thiersch, Köchly, Curtius
und Mommsen.

Deutsche Gelehrte waren es auch, welche die Aegyp-
tologie begründeten, so vor allem Lepsius, Brugsch, Ebers
und Dümichen.   Grotefend endlich fand (1802) den Schlüssel
zur Entzifferung der chaldäisch-assyrischen Keilschriften.

Die deutsche Geschichtschreibung des vorigen
Jahrhunderts ist im großen und ganzen genommen nicht viel
mehr als entweder eine mühselige Zusammenstellung historischer
Geschehnisse oder aber jene künstlich geschraubte Deklamiererei,
deren Hauptvertreter Johannes von Müller gewesen ist.   Bereits der Beginn unserer Zeit läßt erkennen, daß die Geschichtschreibung von jetzt ab einen anderen Weg einschlägt,
daß sie ihre Urteile auf kritische Quellenforschung stützt.   Noch
zu der alten Richtung gehören die Darstellungen Beckers und
Rottecks, welche, obwohl viel gelesen, keinen Anspruch darauf
erheben dürfen, als wirkliche Wahrheitsverkündiger angesehen
zu werden.   Die Begründer des neuen Systems Heeren
und Niebuhr aber fanden zunächst wenig Gelegenheit, mit
ihren Werken über den engeren Kreis der Fachgelehrten hinaus
zu bringen.   Das ward anders, als der große Charakteristiker

Friedrich Christoph Schlosser (1776—1861) sein Wirken in Heidelberg begann. (Geschichte des XVIII. Jahrhunderts, 1836). Von noch größerer Bedeutung für die wissenschaftliche Darstellung erscheint jedoch Leopold Ranke (1795—1886), dem die gesamte jüngere Schar der Geschichtsforscher und Geschichtschreiber zu Füßen saß. Hat Ranke aber die Eigentümlichkeit, der diplomatischen Richtung ein fast übergroßes Feld einzuräumen, so ließ der wackere Friedrich Christoph Dahlmann die großen volksbewegenden Ideen mehr in den Vordergrund treten. Während es Ranke ermöglichte, Schule zu machen und wirkliche Nachfolger in Heinrich von Sybel, Johann Gustav Droysen, Wilhelm Giesebrecht und Heinrich von Treitschke zu gewinnen, hat Dahlmann in Friedrich Raumer und Ludwig Häußer gleichwertige Kollegen gefunden. Kein Volk der Welt jedoch gebietet über ein so großartiges, völlig gesichtetes und geordnetes historisches Quellenmaterial (Pertz: Monumenta Germaniae Historica) wie das Deutsche. In keinem Lande wurden bisher die Forschungen auf den verschiedenen Gebieten der Geschichtswissenschaft derart ausgenutzt, wie dies seit sieben Jahrzehnten in Deutschland geschehen ist.

Diese Blüte des Geisteslebens auf allen Gebieten fand ihre Vorbedingung in der Umgestaltung der Universitäten. Den ersten großen Schlag gegen die tote Vergangenheit führte Preußen. Es gründete (1810) die berliner Hochschule (1818), diejenige von Bonn, verlegte (1811) die Universität von Frankfurt a. O. nach Breslau und vereinigte (1817) die Fakultäten Wittenbergs mit denen von Halle.

Die Versuche, auf Grund der Karlsbader Beschlüsse die Lehr- und Lernfreiheit zu beschränken, wurden glücklicherweise nicht lange fortgesetzt. In neuem Geist, doch in alter Form pflegten die Hochschulen die Wissenschaften. Der zu einer vorher nie geahnten Größe ansteigende Besuch zeigte deutlich, daß dem deutschen Volke der Geistesadel als das höchste irdische Ziel vorschwebe.

Der Aufschwung der Technik forderte ein Heer von fachwissenschaftlich geschulten Berufsleuten. Sie hatten bis dahin ihre Studien zumeist im Auslande machen müssen. Nun entstanden in Prag (1806) und in Berlin (1828) die ersten technischen Hochschulen, zu denen später im heutigen Reichsgebiet noch weitere acht hinzutraten. Für die Werkführer sorgen verschiedene Technika.

Auch die Berg- und Forstleute, wie die Landwirte fanden eine entsprechende Berücksichtigung. Die Berliner Forstschule kam als Akademie (1830) nach Eberswalde. Die sächsische Anstalt dieser Art in Tharand (1816) galt auch im Auslande als hervorragend, besonders zu Lebzeiten ihres Begründers Heinrich Cotta.

Die Landwirtschaft ward zur Wissenschaft erhoben durch den hannöverschen Arzt Albrecht Daniel Thaer, der seit seiner Uebersiedlung nach Preußen als Lehrer der Agronomie wirkte, und dessen Lehranstalt zu Möglin später die erste preußische landwirtschaftliche Akademie ward (1819). Ihr schlossen sich diejenigen von Hohenheim (1818) und Schleißheim (1822), wie andere mehr, in den wesentlichen Grundzügen an. Während jedoch Thaer die Boden- und Düngerlehre noch vollkommen empirisch behandelte, schuf Justus Liebig (1830) die Landwirtschaftschemie.

Auf einem anderen Gebiete wirkte in Preußen der Oberregierungsrat Wilhelm Beuth. Er schuf die Grundzüge der Handels- und Gewerbefreiheit. Auf sein Betreiben nahm der Staat Anteil an den Bestrebungen der Industriellen.

Auch sorgte Beuth dafür, daß der Gewerbfleiß wechselseitige Berührung und Aufmunterung gewann auf den seit den dreißiger Jahren regelmäßig wiederkehrenden Ausstellungen.

Unsere Zeit steht im Zeichen der Technik, die sich fast alle Wissenschaften dienstbar macht. Die Hast, welche die gesamte menschliche Thätigkeit beeinflußt, ist natürlich nicht ohne großen Einfluß auf die gesamte geistige Entwickelung geblieben. Man versucht oft, zu viel zu erreichen und verliert dabei den sicheren Boden unter den Füßen. Dabei greifen das unmittelbare Leben und sein Ausdruck im Schrifttum mehr ineinander als je zuvor. Die Oeffentlichkeit will weniger in den Spiegel der Vergangenheit, als in den der unmittelbaren Gegenwart und nicht selten auch in den der erträumten schönen Zukunft schauen.

Die Litteratur war in dem dritten Jahrzehnt unseres Jahrhunderts hervorragend platt und teilweise unnatürlich geworden. Die Romantiker beherrschten das Feld und wichen nicht vor den Spöttereien Hauffs und Saphirs, der unbarmherzigen Kritik Börnes und den wuchtigen Keulenschlägen Wolfgang Menzels. Ihnen folgte das zu seiner Zeit infolge eines gewissen politischen Märtyrertums unmäßig überschätzte „junge Deutschland". Sein vornehmster Vertreter, Heinrich Heine, suchte die alte Religion, den alten Staat und die alte Gesellschaft durch das Feuer seiner oft herzlich schlechten Witzeleien zu verbrennen. Er ist uns heute in vielem unverständlich geworden. Wir dürfen jedoch nicht vergessen, daß er dem jüdischen Volke entstammte, dessen vollkommene Befreiung von mittelalterlicher Knechtschaft nicht einmal die deutschen Bundesakte klar aussprachen. Seit 1831 lebte Heine in Frankreich, und bei seiner politischen Charakterlosigkeit fiel es ihm nicht eben schwer, ein Jahrgeld von

Ludwig Philipp anzunehmen. Das deutsche Volk erkannte
in diesem Dichter seinen größten Lyriker, aber es vergaß auch
nicht, daß Heine ganz absonderliche Gedanken vom deutschen
Vaterlande gehegt hatte. Neben Heine kommen von den
jüngeren Federn, die nach 1830 schrieben, hauptsächlich in
Betracht Karl Gutzkow und Heinrich Laube. Der erstere,
der Schöpfer des packenden deutschen Zeitromans („Ritter
vom Geiste", 1850) mag als ein Beispiel für so viele
Schriftstellerleben gelten. Trotz aller Ausdauer im Schaffen
wurde er der bitteren Daseinssorgen niemals ledig und endete
in bitterer Verzweiflung.

Heinrich Laube wandte sich in seinen Mannesjahren
völlig von den einst betretenen Pfaden ab. Seine Bedeutung
lag in seiner Eigenschaft als Bühnenleiter.

Mächtig wuchs seit 1830 die Erzeugung von Romanen,
Novellen und Erzählungen. Neben Meistern, wie J. V.
Scheffel und Fr. Spielhagen, W. Raabe und J. Rodenberg,
traten unendlich viele minderwertige Schilderer auf diesem
Gebiete auf. Die Dorfgeschichten, welche sich schließlich zu
ewig wiederholten Erzählungen aus dem Leben der bayerischen
Gebirgsbewohner auswuchsen, fanden in Berthold Auerbach
ihren verständnisvollen Pfleger. — Den ethnographischen
Roman begründete in unübertrefflicher Weise Karl Postel,
der unter dem Namen Charles Sealsfield schrieb. „Das
deutsche Volk bei seiner Arbeit aufzusuchen", dieses schöne
Ziel setzte sich Gustav Freytag. Ihm verdanken wir auch die
unter dem Titel „Ahnen" zusammengefaßten geschichtlichen
Romane aus Deutschlands Vergangenheit und die kultur-
historischen „Bilder".

Wichtiger noch ist Freytags Wirken für die deutsche
Bühne gewesen, der er das prächtige Lustspiel „die Journa-

listen" schenkte und damit die Wege wies, welche heutige Dramatiker betreten sollen.

Das Theater ist wohl im Augenblick das am meisten angestrebte Ziel der jüngeren Dichterwelt Deutschlands. Auf Georg Büchner, Fr. Hebbel, Karl Gutzkow, Julius Mosen, R. Gottschall u. a. m. folgte eine Schule, die das Höchste zu leisten meinte, wenn sie, nach französischen Mustern arbeitend, das Leben in widerlichen Zerrbildern auf die Bühne brachte. Die Oeffentlichkeit, besonders in den großen Städten, unterstützt freilich diese Bestrebungen bewußt und unbewußt. Der Theaterbesucher ergötzt sich gerne an den Sünden, die er auf der Bühne dargestellt sieht, welche er vielleicht selbst schon begangen hat, aber sicherlich in der Gesellschaft verdammt.

Nicht viel anders steht es mit der Musik. Das Ausreifen des nationalen Bewußtseins ließ zwar eine große Gemeinde finden, welche auf die Tondichtungen Richard Wagners schwur. Dagegen trat die bisherige Vorliebe für die alten Meister in den Hintergrund. Zugleich wurden leichtfertige Operetten Mode, die oft jeden Sinnes bar, doch die lebhaftesten Beifallsäußerungen ernteten.

In der Schauspielkunst, die in Ludwig Devrient, Seidelmann u. a. m. die höchste Ausbildung erfuhr, machte sich schließlich ein unangenehmes Virtuosentum bemerkbar. Andererseits bemüht sich unsere Zeit auch bei Bühnendarstellungen die geschichtliche Treue für die Inszenirungen bis auf die kleinsten Einzelheiten auszudehnen.

Niemals mehr als in diesem Jahrhundert ist das Sprichwort von der Kunst, die nach Brot geht, stärker zum Ausdruck gelangt. Ungeachtet der großartigen Leistungen, welche die Malerei und Bildhauerei aufzuweisen haben, ist die

Kunst im Augenblick nicht der höchste Ausdruck der Kultur.
Sie hat sich, dem Zuge der Zeit folgend, zur Magd des
Bedürfnisses erniedrigt und dient der Tendenz. Freilich fehlt
der Gegenwart, die den rauhesten Kampf ums Dasein be-
stehen muß, die Ruhe und Hingebung an wahre Schöpfungen.
Auch von der Kunst wird gefordert, daß sie uns eine bequeme
Dienerin sei, die nicht verlangt, daß wir stark das Denk-
vermögen anstrengen müssen, um ihre Leistungen zu verstehen.

Das Kunstgewerbe ist wiederum in den Vordergrund
getreten. Nachdem 1820 der Stahlstich aus England nach
Deutschland gelangte, erschien 1837 die Daguerrotypie, die
Vorläuferin der Lichtbildnerei. Zu jener Zeit kam auch in
den deutschen Hauptstädten die Dioramenmalerei auf, der sich
nach 1875 die heute so beliebten Panoramen anschlossen. In
den fünfziger Jahren fertigte man bereits Photographien.
Das gesamte, auf dem Lichtdruck beruhende Vervielfältigungs-
verfahren bestand gegen 1870 schon in seinen Anfängen. Der
Steindruck stammt aus dem Ende des vorigen Jahrhunderts,
und selbst große Maler haben es nicht verschmäht, ihn für
schöne Arbeiten zu nutzen. Der lange vernachlässigte Holzschnitt genügte bald den höchsten Anforderungen, seitdem die
Oeffentlichkeit nach reich geschmückten Zeitschriften (Illustr.
Ztg. 1843; Fliegd. Blttr. 1845) verlangte. Dem Volke bot
man aber leider auch die unsäglich häßlichen, billigen Oel-
farbendrucke, die jedem ästhetischen Geschmacke Hohn sprechen.

Während das deutsche Kunstgewerbe noch bis gegen
1871 vollkommen vom pariser Geschmack abhängig blieb, trat
es nach dem Kriege in den lebhaftesten Wettbewerb mit diesem.
Im Augenblick herrscht noch die Neigung vor, die Muster
der deutschen Renaissance nachzubilden, obwohl die Schwierig-
keit, zwei grundverschiedene Zeitrichtungen dabei zu verbinden,

kaum zu überbrücken sind. Unser heutiges, vorwiegend praktisches Leben kann die Vergangenheit nicht wohl nutzen, ohne sich selbst untreu zu werden.

Die Behörden sind dem Kunstgewerbe mit freigebiger Hand entgegen gekommen. Sie gründeten Fachschulen und entsprechende Sammlungen, welche nicht wenig dazu beitrugen, den Geschmack zu läutern.

Auch in der großen Kunst sind die verschiedenen Zeit=strömungen deutlich zu verfolgen. Die Aufklärung mußte folgerichtig alle Unnatürlichkeit verwerfen, das Studium der Antike von neuem befördern. Die Revolution mit ihrer Vorliebe für die politischen Formen Roms und die Lebens=auffassung der Hellenen begünstigte ebenfalls die Rückkehr zur Kunst des Altertums. An der Spitze dieser klassischen Richtung stand für die deutsche Malerei Asmus Jakob Carstens aus Schleswig (1754—1798). Zu seinen Lebzeiten ist der große, gedankentiefe Künstler kaum geschätzt worden. Noch befanden sich die Malschulen unter Leitung von Nachfolgern Raphael Mengs. Sie hatten für die strenge Formenschöpfung keinen Sinn, sondern verharrten in den einmal angenommenen akademischen Regeln. Mit der Liebe zur Natürlichkeit ver=band sich bei den jungen „Klosterbrüdern von St. Isidoro" — so genannt von ihrem Klosterwohnsitze in Rom — das Streben, die Tage des goldenen Mittelalters wieder zu er=wecken.

Das Verdienst von Peter Cornelius aus Düsseldorf (1783—1867) ist es gewesen, daß er an den vornehmsten deutschen Kunstschulen — Düsseldorf, München, Berlin — den Sinn für das Großartige hob. Sein bedeutendster Schüler Wilhelm Kaulbach aus Arolsen (1805—1874) übertraf den Meister sowohl in der gewaltigen Auffassung wie in der

Beherrschung der Farben. Mit den Kämpfen um die bürger=
liche Freiheit in unserem Jahrhundert fällt das Aufstreben
der Naturalisten zusammen. Sie fanden sich längere Zeit in
der Künstlerwerkstatt von Karl Piloty (1826—1886) in
München, dessen berühmtester Schüler der Maler der Ueppig=
keit und des sinnlichen Lebens, Hans Makart aus Salzburg
(1840—1884) und dessen Gegenfüßler, der Deutschböhme
Gabriel Max, geworden sind.

Und auch die neuesten Erscheinungen im Leben des
deutschen Volkes fanden ihren künstlerischen Ausdruck in den
Schlachtendarstellern wie W. Camphausen (1818—1885),
W. Bleibtreu (1828—1892) und E. Hünten (1827—1887).
Dazu treten die jüngsten Naturanbeter, die sogenannten
„Arme=Leutmaler“, von denen Fritz von Uhde der erträglichste
ist. Im Bildnis, in der Tiermalerei, in der Darstellung von
Landschaften und Sittenbildern steht Deutschland im Augen=
blick voran.

Die Bildhauer wendeten sich seit den Befreiungskriegen
ebenfalls der realistischen Auffassung zu. Unter Gottfried
Schadow aus der Mark (1764—1850) entwickelte sich die
Berliner Schule, die in Christian Rauch (1777—1857), dem
Schöpfer des Charlottenburger Mausoleums ihren größten
und einflußreichsten Meister gewann. In Dresden wirkte
Rauch’s Schüler, Ernst Rietschel (1804—1860), ganz in
seinem Sinne. In München beförderte Ludwig Schwanthaler
(1802—1848) die Romantik. Dort blühte auch der künst=
lerische Bronzeguß durch die Bemühungen des genialen Ferd.
von Miller (1813—1887) zuerst wieder auf.

Die Baukunst kehrte zunächst auf dem Wege der ro=
mantischen Verehrung der Gotik zur Klassizität zurück. Diese
fand ihren begeistertsten Verkünder in Karl Friedrich Schinkel

aus Neu=Ruppin (1781—1841), dem Urheber der schönsten
baulichen Schöpfungen des neuen Berlin. Der römische
Stil fand seinen glänzendsten Vertreter in Gottfried Semper
aus Altona 1803—1879), der florentinische in Heinrich von
Ferstel aus Wien (1828—1883). Wie im Kunstgewerbe,
so beliebt auch in der Architektur im Augenblick der Geschmack
am meisten, welcher sich den reichen Formen der Renaissance
zuwendet. Unsere Zeit ist zwar nicht arm an Künstlern,
wohl aber arm an ursprünglichen, künstlerischen Gedanken.

Die allgemeine Wehrpflicht ist derart innig mit dem
gesamten Volke verwachsen, daß sie auf viele Erscheinungen
im privaten wie öffentlichen Leben von bestimmendem Ein=
flusse ist. Das bittere Müssen, welches ihre Schöpfung be=
dingte, verwandelte sich unstreitig und nicht nur für Deutsch=
land, sondern für ganz Mitteleuropa in eine Wohlthat. Mag
der „bewaffnete Friede“ auch noch so kostspielig sein, er ist
das kräftigste Mittel zur Verhütung leichtsinnig unternommener
Kriege. Die allgemeine Wehrpflicht, welche jede Familie im
Staate zwingt, den Blutzoll zu entrichten, läßt die Völker
jederzeit kühl ermessen, ob es wirklich nötig sei, den Janus=
tempel zu öffnen. Genug, die allgemeine Wehrpflicht darf
uns als die wahre Friedensgöttin erscheinen.

Das Heer Preußens erhob sich seit 1807 wieder
aus seinen Trümmern. Der hannöver'sche Bauernsohn
Gerhard Scharnhorst (1756—1813) schuf die
Grundlagen der allgemeinen Wehrpflicht: die neuen Kriegs=
artikel (1808), welche die Prügelstrafe abschafften, die
Verordnung, daß nur die Befähigung für Beförderungen
maßgebend sei, das Landwehrgesetz (1813). So ward es
möglich, einzig aus den Provinzen Preußen, Pommern,
Brandenburg und Schlesien beim Beginne des großen Kam-

pfes gegen die Fremdherrſchaft 277000 Streiter in's Feld
zu ſtellen. Die größte Arbeit auf den Schlachtfeldern von
1813 bis 1815 leiſteten die Preußen. Da man von der
durch Metternich und Talleyrand auf dem Wiener Kongreß
geſchmiedeten Verſchwörung erfuhr, welche thatſächlich den
opfermutigen Hohenzollernſtaat um die beſten Früchte ſeiner
Anſtrengungen betrog, waren König und Volk einig, daß die
allgemeine Wehrpflicht auch ferner erhalten bleiben müſſe.

Ein Boyen baute das Heerweſen auf die feſten, von
Scharnhorſt geſchriebenen Ordnungen; ein Clauſewitz bildete
den größten Kriegstheoretiker aller Zeiten, H e l m u t h
v o n M o l t k e. Dann kamen die Tage des Kampfes mit der
Volksvertretung, welche niemals in eine Verſtärkung der
Armee zu willigen gedachte. Aber, „die deutſche Frage konnte
nur durch Blut und Eiſen gelöſt werden“. Der Geiſt des
Volksheeres, ſeine gewaltige ſeeliſche Kraft, ſeine treffliche
Führung errangen den Sieg über verlebte Formen und eitlen
Stolz.

Noch mehr, die Beſiegten erkannten in der preußiſchen
Wehrverfaſſung die Grundlage der deutſchen Einheit und da
ſie dieſe erſtrebten, mußten ſie jene annehmen. Im Kriege
gegen Frankreich zeigte es ſich dann, was ein begeiſtertes
Volksheer vermag gegen die Scharen roher, ungebildeter
Kriegshandwerker. Niemals vorher erſah die Welt ſolch'
beiſpielloſe Erfolge, wie auf den Schlachtfeldern zwiſchen
Rhein, Seine und Loire vor nunmehr 25 Jahren.

Niemals auch zeigt ſich in der geſamten Kulturent-
wickelung der Menſchheit ein ähnliches Beiſpiel, wie die
Friedensliebe des geeinten Deutſchlands. Es vermag heute
Millionen von vorzüglich bewaffneten wie geführten Kriegern
zum Kampfe zu ſtellen und es benutzt ſein ſcharfes Schwert,

um den Völkern Mitteleuropas die volle Sicherheit zu ge=
währen zum Ausbau ihres Wohlstandes.

Diese Thatsache sollte auch jene versöhnen, die voll
Unzufriedenheit der inneren Entwickelung des Reiches gegen=
überstehen.

Auf jeder Seite der Kulturgeschichte tritt uns die Er=
scheinung entgegen, daß kein Fortschritt ohne Reibungen, ohne
eine oft sehr scharf sich äußernde Gegenwirkung, möglich ist.
Nichts entsteht plötzlich, sondern alles in natürlicher Reihen=
folge. Wenn auch diese dem Zeitgenossen nicht immer klar
vor Augen steht und stehen kann, sie ergiebt sich wieder für
die späteren Geschlechter. Jede kulturelle Entwickelung ist
endlich weniger für die Lebenden von vollem Nutzen, denn
für die Kommenden. Wo die Gegenwart irgend eine Kultur=
erscheinung über das durch die Umstände bedingte Maß hinaus
voller Genußsucht ausbeuten will, macht sie sich des Raub=
baues, der Verkümmerung der Rechte ihrer Söhne und Enkel
schuldig.

Alles was Menschen schaffen, ist unvollständig. Sie
selbst erkennen diesen Grundsatz dadurch an, daß sie stetsfort
auf neue Verbesserungen sinnen. Diese Thätigkeit in ihrer
Zusammenfassung ist die Kultur. In ihr spiegelt sich der
Geist aller Zeiten wieder, der Völker wie ihrer einzelnen
Glieder.

Möchte das vorliegende Werk den Leser davon über=
zeugen, daß jeder berufen ist, an dem großen Werke mensch=
lichen Fortschrittes mitzuarbeiten, daß auch die geringste kul=
turelle Arbeit ihre Früchte zeitigt — jetzt und immerdar.

Namen- und Sachen-Uebersicht.

G. J. Göschen'sche Verlagshandlung in Leipzig.

Geschichte

der

deutschen Litteratur

von

Dr. Max Koch
Professor an der Universität Breslau.

Schulausgabe geb. in Leinwand 80 Pfg.
Geschenkausgabe geb. in ff. Originalband mit Goldschnitt 3 Mt.

Inhalt.

G. J. Göschen'sche Verlagshandlung in Leipzig.

Bismarck=Jahrbuch

herausgegeben von

Horst Kohl.

I. Band brosch. 10 Mk., geb. 14 Mk.
II. Band brosch. 12 Mk., geb. 16 Mk.
III. Band brosch. 10 Mk., geb. 14 Mk.
IV. Band brosch. 8 Mk., geb. 11 Mk.
V. Band brosch. 8 Mk., geb. 11 Mk.
VI. Band u. Folge brosch. 8 Mk., geb. 11 Mk.

Jedes Jahr erscheint ein Band.

Bismarckreden

1847—1895.

herausgegeben von

Horst Kohl.

Brosch. 5 Mk., geb. 6 Mk. 75 Pfg.

Bismarcks Briefe an den General Leopold v. Gerlach.

Mit Genehmigung Sr. Durchlaucht des Fürsten v. Bismarck
herausgegeben von

Horst Kohl.

Brosch. 6 Mk. geb. in Leder 9 Mk.

Wegweiser durch Bismarcks Gedanken und Erinnerungen

von

Horst Kohl.

Brosch. 4 Mk., geb. 5 Mk.

Sammlung Göschen. Je in elegantem Leinwandband 80 Pf.

G. J. Göschen'sche Verlagshandlung, Leipzig.

Verzeichnis des bis jetzt erschienenen Bände.

Sammlung Göschen.
Je in elegantem Leinwandband 80 Pf.

G. J. Göschen'sche Verlagshandlung, Leipzig.

Lightning Source UK Ltd.
Milton Keynes UK
UKHW021250110122
396967UK00006B/1220